ÉTAPES

FRANZÖSISCH **1** FÜR GYMNASIEN

Cornelsen

ÉTAPES 1

Lehrwerk für den Französischunterricht (2. Fremdsprache) an Gymnasien

im Auftrag des Verlages erarbeitet von
Michèle Héloury, Thomas Mößer, Sylvie Schenk-Gonsolin, Armin Volkmar Wernsing

und der Französischredaktion:
Alfred Prédhumeau (Redaktionsleitung),
Anne-Marie Chatelier, Dr. Yvonne Petter, Evelyn Walach

Beratende Mitwirkung:
Dr. Ingeborg Christ, Prof. Dr. Karlheinz Hilbert,
Dr. Eynar Leupold, Detlev Mahnert, Prof. Dr. Michael Wendt

Layout und Umschlaggestaltung: Regelindis Westphal
Grafik: Laurent Lalo
Fotos: Günter Krauke

Bild- und Textquellen: siehe Anhang

1. Auflage – 3. Druck 1992

Alle Drucke dieser Auflage können, weil untereinander unverändert, im Unterricht nebeneinander verwendet werden.

Satz: Fotosatz Gleißberg & Wittstock, Berlin
Repro: S&T scan, Berlin
Druck: Cornelsen Druck, Berlin
Buchbinderei: Fritzsche-Ludwig, Berlin

ISBN 3-464-05861-1
Vertrieb: Cornelsen Verlagsgesellschaft, Bielefeld
Bestellnummer: 58611

Begleitmaterialien zu ÉTAPES 1

Carnet d'exercices, Best.-Nr. 58 620
Grammatisches Beiheft, Best.-Nr. 58 638
Textkassette, Best.-Nr. 58 697
Lehrerhandbuch, Best.-Nr. 58 646

ERLÄUTERUNG DER SYMBOLE

▸ ▸ Eine „Kettenübung". Du sprichst zu deiner Nachbarin bzw. deinem Nachbarn und diese sprechen wiederum zu ihrer Nachbarin bzw. ihrem Nachbarn.

▸ ◂ Ein Zweiergespräch.

▸▾◂ Ein Dreiergespräch.

◂▸ ◂▸ Ein Verergespräch.

Ihr diskutiert im Klassenraum oder bildet eine Arbeitsgruppe.

Hier wird ein Kassettentext vorgespielt.

INHALTSVERZEICHNIS

ANHANG

BONJOUR!

Bonjour, madame! Bonjour, monsieur!
Bonjour, Patrick!
Salut, Patrick!
Salut, Valérie!
C'est toi, Jacques?
Oui, c'est moi
Sophie Dufour!
C'est toi, Sophie Dufour?
Non, je m'appelle Sophie Carmet.
Alors, Sophie Dufour, qui est-ce?
C'est moi.
Au revoir, monsieur!
Au revoir, Patrick.
Au revoir, madame!
Salut, Valérie!
Salut, Sophie!

EXERCICES

1. Je m'appelle Birgit

▸ ▸ *Continuez.*

2. Bonjour, Simone!

▸ ◂ *Corrigez les dialogues.*

1. <u>Mme Calvet:</u> Bonjour, Simone!
   <u>Simone:</u> Salut, Madame!

2. <u>M. Calvet:</u> C'est toi, Patrick?
   <u>Patrick:</u> Non, c'est moi.

3. <u>M. Dufour:</u> Pierre Morand, qui est-ce?
   <u>Pierre:</u> Je m'appelle Pierre Morand.

4. <u>M. Dufour:</u> C'est toi, Simone?
   <u>Valérie:</u> Oui, je m'appelle Valérie.

5. <u>Mme Dufour:</u> Bonjour.
   <u>Mme Calvet:</u> Salut, Mme Dufour.

3. C'est toi, Sophie?

Faites les dialogues.

4. Salut, Valérie!

▸ ◂ *Faites les dialogues.*

1. Du bist bei deinem französischen Brieffreund Patrick zu Gast und triffst den Großvater. Er grüßt. Was antwortest du?
2. Auf Patricks Party spricht dich jemand an und will wissen, ob du Dominique bist. Wie reagierst du?
3. Deine französische Brieffreundin Nathalie kommt dich besuchen. Am Bahnhof siehst du ein Mädchen, das ihr ähnlich sieht. Wie sprichst du es an?
4. Du willst Jacques Dufour, einen Austauschschüler, abholen, weißt aber nicht, wie er aussieht. Du gehst zum französischen Reisebegleiter und fragst ihn.

5. Qui est-ce?

▸ ◂ *Répondez.*
Napoléon
Tintin
Marianne
Milou
Jeanne d'Arc
de Gaulle
___
___

REPÈRES

1 QU'EST-CE QU'ON DIT? Was sagt man?

Du grüßt	Bonjour, Monsieur/Madame./Bonjour./Salut.
Du stellst dich vor	Je m'appelle ___ .
Du willst wissen, wer Dominique ist	Dominique, qui est-ce?
Du fragst jemanden, ob er/sie Dominique ist	Dominique, c'est toi?
Er/Sie bejaht es	C'est moi./Oui, c'est moi.
Er/Sie verneint es	Non, je m'appelle ___ .
Du verabschiedest dich	Au revoir, Monsieur/Madame./Au revoir./ Salut.

2 PRONONCIATION Aussprache

1. Les sons Die Laute

[ʒ]	[ɔ̃]	[wa]	ATTENTION
Jacques	bonjour	moi	monsieur
je	non	toi	[ə]
bonjour		au revoir	

2. L'intonation Die Intonation

Bonjour, Madame. Bonjour, Monsieur. C'est moi.

Welche Silben sind betont?

C'est toi? C'est moi. Je m'appelle Sophie.

C'est Patrick? C'est Patrick.

C'est toi, Sophie Dufour? Qui est-ce?

UNITÉ 1
VOILÀ NICOLE

A / VITE, À LA GARE!

Voilà Monsieur Calvet, le père de Florence, Jérôme et Valérie.

Et voilà Jérôme et Florence, le frère et la sœur de Valérie. Et Valérie?

Ah! Voilà enfin Valérie!

Et Madame Calvet, la mère de Valérie, Florence et Jérôme.

C'est Nicole, la correspondante de Valérie.

B / BONJOUR, NICOLE!

EXERCICES

A

1. Voilà Véronique Pardieu

JACQUES

VERONIQUE

M. et Mme PARDIEU

GABI KEIL

▸▸ *Continuez.* Voilà ___ . C'est ___ .

2. Regarde, Nicole

Jacques zeigt Nicole sein Album.

▸▸ *Complétez.* correspondante/gare/Là/père/photo/qui/sœur

1. [?], c'est moi.
2. Et voilà Véronique, ma [?].
3. Là, c'est mon [?] et ma mère.
4. Voilà la [?] de Rouen.
5. Ici, c'est la [?] de Gabi.
6. Gabi, [?] est-ce?
7. Gabi, c'est la [?] de Véronique.

3. Qui est-ce?

Ihr spielt die Partyszene auf S. 7. Verteilt zuerst die Rollen.

Jouez.

Continuez.

Non, moi je suis Jérôme.

C'est moi, moi je suis Madame Calvet!

Madame Calvet, qui est-ce?

4. Le bar-tabac

1.

2.

3.

4.

5.

6.

Welche Wörter auf diesen Fotos kennt ihr aus dem Deutschen? Seht im Wörterverzeichnis auf S. 127 die deutsche Entsprechung nach. Welches Geschlecht haben diese Wörter im Französischen? Und im Deutschen?

5. Vite, à la gare!

▸◂ *Faites le dialogue.*

- Véronique Pardieu und ihre Freundin Sophie wollen Gabi, Véroniques Brieffreundin, am Bahnhof abholen. Véronique sagt Sophie, daß sie sich beeilen solle.
- Endlich kommt Sophie, Véronique ist erleichtert.
- Jacques gibt Véronique das Foto von Gabi.
- Véronique bedankt sich
- und sagt, daß man nun schnell zum Bahnhof fahren müsse.

B

1. Tu es bien Richard?

Du bist neu in der Klasse. Du stellst dich vor und versuchst, deine Klassenkameraden kennenzulernen.

Jouez les rôles.

Je	m'appelle / suis	___ . / le frère de/la sœur de ___ .
Ah,	c'est toi, / tu es	___ . / le frère de/la sœur de ___ .
Et toi?		Moi, je ___ .

2. Voilà ma mère

▸▸ *Imaginez votre «famille» et faites un collage. Présentez votre «famille».*

3. Pardon, vous . . . ?

▸▸ *Complétez.*

4. Qui est-ce?

Écoutez et faites les dialogues.

5. Pardon, Madame!

Jouez les rôles.

6. Enfin, voilà le train!

Écoutez et répétez.

1. Vous êtes bien Monsieur Martin?
2. – Bonjour, Monsieur Dupont, vous êtes le père de Simon?
   – Non, je suis le père de Raymond.
   – Oh, pardon!
3. Maman, voilà Armand!
4. Ah, voilà enfin le train!
5. Pardon, c'est bien le train de Clermont-Ferrand?

D JEUX ET ACTIVITÉS

Nicole arrive

Jouez la scène «Nicole arrive».

Vous êtes à la gare et voilà le train . . .

1 QU'EST-CE QU'ON DIT?

Du suchst jemanden	Pardon (M./Mme/Mlle), je cherche ___ .
Du fragst nach, ob er/sie die gesuchte Person ist	Tu es (bien) ___ ? Vous êtes (bien) M./Mme/Mlle ___ ?
bzw. du antwortest auf diese Frage	Non, je m'appelle ___ ./Non, je suis ___ . Oui, c'est moi.
Du stellst dich vor	Je m'appelle ___ ./Je suis ___ .
Du stellst jemanden vor	Voilà ___ ./C'est (M./Mme/Mlle) ___ .
Du entschuldigst dich	Pardon (M./Mme/Mlle)!
Du bedankst dich	Merci!
Du weist auf etwas hin	Regardez!/Voilà ___ .

2 GRAMMAIRE Grammatik

1. L'article défini Der bestimmte Artikel

♂	♀
le frère	**la** sœur
le train	**la** photo

2. Le déterminant possessif Der Possessivbegleiter

♂	♀
C'est **mon** frère.	C'est **ma** sœur.

3. Le pronom personnel Das Personalpronomen

Tu es Nicole?	
Oui, **je** suis Nicole.	
Vous êtes	M. Calvet? M. et Mme Calvet? Valérie et Jérôme?

Toi, tu es Nicole?		C'est **toi**?
Oui, **moi**, je suis Nicole.		C'est **moi.**
Vous, vous êtes	M. Calvet? M. et Mme Calvet? Valérie et Jérôme?	C'est **vous**?

Wofür kann vous *stehen? Vergleiche mit dem Deutschen.*

4. La préposition de Die Präposition de

la photo le frère la gare	**de**	Patrick Valérie Rouen

La gare de Rouen

3 PRONONCIATION Aussprache

Les sons

[ɛ̃]	[ɑ̃]	[ɔ̃]	[e]	[ɛ]
enfin	Florence	pardon	Valérie	le père
le train	la correspondante	bonjour	et	la correspondante
			regardez	vous êtes

UNITÉ 2
CHEZ VALÉRIE

A / À LA MAISON

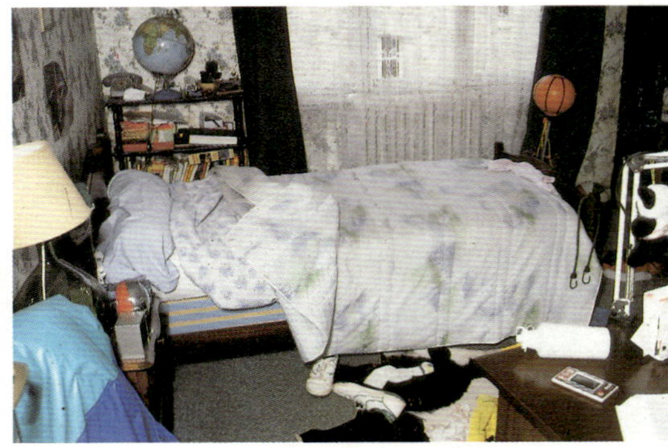

VALÉRIE: Là, c'est la salle de séjour. Ici, c'est la chambre de Jérôme . . . Jérôme, tu es où?
JÉRÔME: Dans la cuisine avec le chat.
VALÉRIE: Ah, voilà Bigoudi! Bigoudi, c'est mon chat.
NICOLE: Bonjour, Bigoudi.

VALÉRIE: Alors là, c'est la salle de bains et voilà les toilettes.
JÉRÔME: Là, c'est la chambre de Flo.
VALÉRIE: Et ici, c'est ma chambre . . .
NICOLE: Oh, c'est bien!
JÉRÔME: Nicole, tu partages la chambre avec Valérie.
NICOLE: Comment?
VALÉRIE: Tu parles trop vite, Jérôme!
JÉRÔME: C'est vrai? Je parle trop vite, Nicole?
NICOLE: Euh oui . . . un peu.
JÉRÔME: Alors, tu partages la chambre avec Valérie, d'accord?
NICOLE: Ah, super!
Oh, Valérie, regarde!
VALÉRIE: Oh là là, Bigoudi . . .

NICOLE: C'est qui?
JÉRÔME: C'est Antoine, l'ami de Florence.

Cornelsen

Französisch hören und verstehen

Mit der Toncassette zu *Étapes 1* kann man sich auf vielfältige Art und Weise in die französische Sprache einhören, das Hörverstehen überprüfen und die eigene Aussprache verbessern.

Neben den Lektionstexten enthält die Cassette auch
- die im Anhang des Schülerbuchs abgedruckten zusätzlichen Hörtexte,
- die Texte zu den Hörverstehensübungen des Schülerbuchs,
- die Nachsprechübungen für den Erwerb der französischen Aussprache und
- Chansons.

Bitte beachten Sie auch die Rückseite dieser Karte.

Bestellkarte

Hiermit bestelle ich zur Lieferung durch Nachnahme.
Preis zuzüglich Porto (ca. 3,50 DM) und Nachnahmegebühr (ca. 5,-- DM).

☐ **1 Cassette zu Étapes 1**
Laufzeit ca. 90 Minuten, Bestellnummer 58697 ◇ 28,90 DM

☐ **1 Grammatisches Beiheft**
64 Seiten, Bestellnummer 58638 6,90 DM

Gewünschtes bitte in dem entsprechenden Kästchen deutlich ankreuzen. Die Cassette und das Heft können auch durch den Buchhandel zum Ladenpreis ohne Porto und Nachnahmegebühr bezogen werden. Preisstand 1.1.1992. Änderungen vorbehalten. ◇ = Unverbindliche Preisempfehlung.

Grammatik leicht gemacht

Das *Grammatische Beiheft* zu *Étapes 1* vertieft und ergänzt die Behandlung der Grammatik im Buch. Es eignet sich für das häusliche Nachbereiten des Unterrichts und das Vorbereiten von Klassenarbeiten.

Anhand klarer und präziser Beispiele wird der Grammatikstoff jeder Lektion erläutert. Die im Schülerbuch gestellten Fragen zur Grammatik werden wieder aufgegriffen und beantwortet.

Damit das Lernen leichter wird, sind

- Ausnahmen und Schwierigkeiten gesondert hervorgehoben,
- wo immer möglich, Merkhilfen und Tips formuliert,
- die verwendeten Begriffe auch mit Hilfe von Beispielen aus dem Deutschen definiert und in einem kleinen Glossar zusammengefaßt.

Bitte in Druckschrift ausfüllen

Name / Vorname

Straße / Hausnummer

Postleitzahl / Ort

Ort / Datum

Unterschrift der / des Erziehungsberechtigten

Bitte als Postkarte freimachen

Postkarte

Cornelsen
Verlagsgesellschaft

Postfach 8729

4800 Bielefeld 1

VALÉRIE: Ah, voilà Antoine! Salut.
ANTOINE: Bonsoir, Valérie.
VALÉRIE: Florence, c'est Antoine!
FLORENCE: Je suis dans la salle de bains . . . j'arrive!
VALÉRIE: Alors Antoine, ça va?
ANTOINE: Pas trop mal . . . et toi?
VALÉRIE: Ah moi, très bien, merci.
ANTOINE: Salut, Jérôme! Ça va?
JÉRÔME: Oui, oui, comme toujours . . .
ANTOINE: Ah, vous écoutez Renaud!? C'est super!
JÉRÔME: Oui, Renaud, c'est chouette . . . Antoine, voilà Nicole Bildstein, l'amie de Valérie . . .
ANTOINE: Bonjour . . . euh, est-ce que tu parles français?
NICOLE: Un peu . . . et toi, tu parles allemand?
ANTOINE: Mais oui: bitteschön, dankeschön.
NICOLE: Est-ce que tu habites aussi à Rouen?
ANTOINE: Oui, j'habite rue de France. C'est près d'ici. Et toi, où est-ce que tu habites en Allemagne?
NICOLE/VALÉRIE: À Wattenscheid.
ANTOINE: Comment? Vous parlez trop vite!
NICOLE: À Wattenscheid. C'est près de Bochum.
ANTOINE: Ah bon . . . euh, et Bochum, où est-ce que c'est?
JÉRÔME: Oh là là, la géographie et toi, ça fait deux.

UNITÉ 2

C / C'EST BIEN, ROUEN?

L'Hôtel de Ville de Rouen

Le centre, le musée Flaubert, le musée Jeanne d'Arc

<u>Mme Genêt</u>, la grand-mère de Valérie: Alors, Nicole, c'est bien, Rouen?

<u>Nicole:</u> Ah oui, c'est chouette! Vous habitez aussi à Rouen?

<u>Mme Genêt:</u> Non, j'habite à Croisset. C'est près de Rouen.

<u>Nicole:</u> C'est bien, Croisset?

<u>Mme Genêt:</u> Oui, il y a un parc . . . et puis, c'est la ville de Flaubert.

<u>Nicole:</u> Qui est-ce, Flaubert?

<u>Mme Genêt:</u> C'est l'auteur de «Madame Bovary». À Rouen, il y a un musée Flaubert.

<u>Nicole:</u> Ah oui?

<u>Mme Genêt:</u> Oui, et il y a aussi un musée Jeanne d'Arc.

<u>Nicole:</u> Ah, et c'est où?

<u>Mme Genêt:</u> Place du Vieux Marché. Et toi, tu habites où?

<u>Nicole:</u> À Wattenscheid, c'est une ville près de Bochum.

<u>Mme Genêt:</u> Et c'est bien, Bochum?

<u>Nicole:</u> Oui. Il y a une université . . . il y a aussi un parc . . . et puis, il y a le Ruhrstausee.

<u>Mme Genêt:</u> Le Ruhr . . . euh, pardon, qu'est-ce que c'est?

<u>Nicole:</u> Euh . . . c'est un lac.

<u>Mme Genêt:</u> Ah, d'accord.

EXERCICES

A

1. Voilà ma chambre

▸ ◂ Sophie Carmet montre l'appartement. *Prenez le rôle.*

<u>Sophie:</u> Alors là/ici, c'est ___ .

Et voilà ___ .

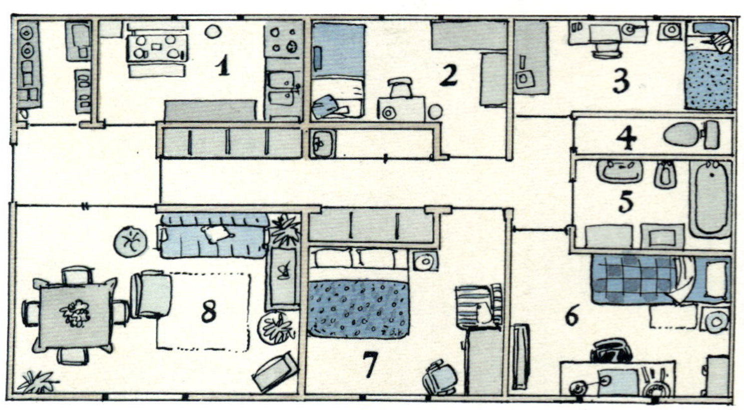

2. Monsieur Calvet

▸◂ *Faites le dialogue.*

3. Dans la cuisine

▸◂ *Posez des questions avec* où *et répondez.*

Où ___ ?

Chez ___ .
Dans ___ (avec ___).
À ___ (avec ___).

4. Je parle trop vite?

▸◂ *Faites les dialogues.*

Vous parlez trop vite.

Je cherche la photo de Nicole.

Voilà ma mère.

Mais regarde, là, dans la salle de séjour.

Dans ma chambre.

Bonjour, Madame.

Oh pardon!

D'accord.

Tu es où, Jérôme?

C'est l'ami de ma sœur.

C'est qui, Antoine?

C'est toi, la correspondante de Sophie?

Tu partages la chambre avec Sophie?

Non, je suis la sœur de Sophie.

B

1. Ça va?

▸◂ *Jouez les rôles. Continuez. Et toi?*

2. Pardon, Monsieur

▸▸ *Trouvez les verbes.*

1. Pardon, Monsieur, je ? les toilettes.

2. Vous ? aussi à Versailles?

3. Ah, tu ? Madonna?

4. Bonjour, je ? l'ami de Dominique.

5. J' ? !

6. Je ? la chambre avec Gabi.

7. C' ? mon amie Fabienne.

8. Tu ? anglais?/français?/italien?/turc?

Was antworten die Personen auf den Bildern 1, 2, 3 und 8?

3. Allô, c'est toi?

a) *Écoutez.*
1. Wie fängt das Gespräch an?
2. Wer sind die Gesprächspartner?
3. Wem geht es besser?

▸◂ b) *Téléphonez à un/e ami/e et jouez les rôles.*

4. Non, c'est ma sœur

▸▸ *Posez des questions avec* est-ce que.

1. Non, c'est ma sœur.

2. Oui, je suis la mère de Sophie.

3. Non, j'habite à Paris.

4. Non, mais je parle très bien anglais.

5. Maromme, c'est où?

– J'habite à Maromme.
– Maromme, c'est où?
– C'est en France et c'est près de Rouen.

1. Haguenau/Strasbourg – France
2. Saarlouis/Sarrebruck – Allemagne
3. Boves/Amiens – France
4. Vallet/Nantes – France
5. Cassis/Marseille – France
6. Neu-Isenburg/Francfort – Allemagne

▸◂ *Continuez.*

6. Où est-ce que vous habitez?

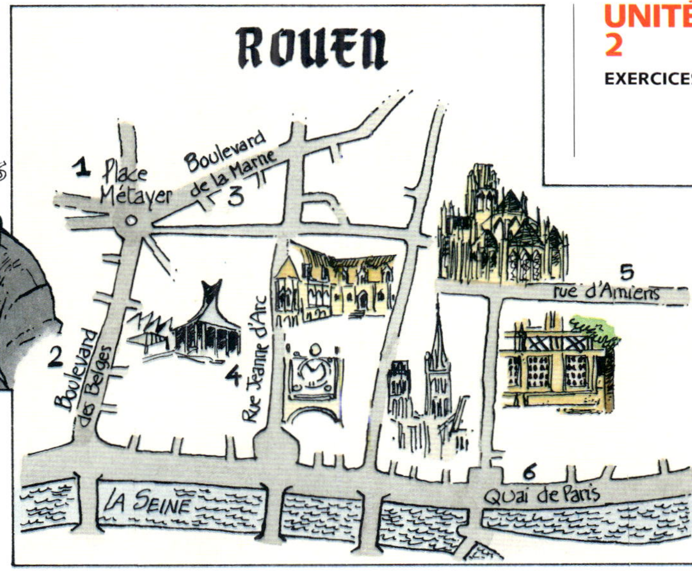

▸◂ *Faites le dialogue.*

Où est-ce que vous habitez, Monsieur?
Moi, ___ .

Et toi?

7. Nicole et Mme Genêt

▸◂ *Faites le dialogue.*

– Nicole sagt Frau Genêt guten Tag und stellt sich vor.
– Frau Genêt grüßt und fragt Nicole, wie es ihr gehe.
– Nicole antwortet und fragt zurück.
– Frau Genêt geht es sehr gut.
Sie möchte wissen, wo Nicole wohnt.
– Nicole antwortet.
– Frau Genêt möchte wissen, wo das liegt.
– Nicole antwortet und fragt, wo sie wohne.
– Sie wohnt in Croisset.
– Nicole weiß nicht, wo das ist.
– Croisset liegt bei Rouen.

C

1. Qu'est-ce qu'il y a à Rouen?

▸▸ *Répondez.*

1. C'est bien, Croisset?
2. Qu'est-ce qu'il y a à Rouen?
3. Et à Bochum?
4. Le «Ruhrstausee», qu'est-ce que c'est?

2. C'est une salle de séjour?

▸▸ Qu'est-ce que c'est? *Devinez.*

3. À Clermont-Ferrand

Qu'est-ce qu'il y a à Clermont-Ferrand?
À Clermont-Ferrand, ___ .
▸ ◂ *Répondez et continuez.*

4. Je m'appelle Florence Calvet

▸ ▸ *Jouez les rôles de:*

Florence/Nicole/Mme Genêt/Mme Calvet/
Jérôme/Valérie/Antoine

Et toi?

5. C'est bien, Rouen?

a) *Regardez le texte page 18 et trouvez les mots avec* [ɛ].

b) *Faites des phrases.*
Alors là, c'est la maison de Flaubert.

D JEUX ET ACTIVITÉS

Voilà ma ville

Faites un collage et expliquez:

Dans ma ville, il y a ___ .
À ___ , il y a ___ .

1 QU'EST-CE QU'ON DIT?

Du fragst deinen Gesprächspartner, wie es ihm geht	Ça va?/Comment allez-vous?
bzw. du antwortest auf diese Frage	Très bien./Bien./Ça va./Comme toujours. Pas trop mal/bien.
Du fragst jemanden nach seinem Wohnort	Tu habites où?/Vous habitez où? Où est-ce que vous habitez?
Du möchtest wissen, wo dieser Ort liegt	Et c'est où?/Où est-ce que c'est, ___?
bzw. du gibst an, wo der Ort ___ liegt	C'est près de ___ ./C'est en ___ .
Du sagst, wo du wohnst	J'habite ___/à ___/en ___ .
Du fragst deinen Gesprächspartner, ob er Französisch spricht	Tu parles français?/Vous parlez français? Est-ce que vous parlez français?
bzw. du antwortest auf solch eine Frage	Oui, très bien./Mais oui./Un peu./Non.
Du möchtest eine Erklärung haben	___ , qu'est-ce que c'est?
Du verstehst etwas nicht	Comment?/Pardon?
Dein Gesprächspartner spricht zu schnell	Tu parles trop vite. Vous parlez trop vite, Madame/Monsieur.
Du willst wissen, ob dein Gesprächspartner einverstanden ist	D'accord?/Est-ce que vous êtes d'accord?
Du weist ihn auf etwas hin	Regarde, ___ ./Regardez, ___ .

2 GRAMMAIRE

1. L'article défini Der bestimmte Artikel

♂		♀	
le frère	l'ami	l'amie	**la** sœur

2. L'article indéfini Der unbestimmte Artikel

♂		♀	
un chat	**un** ami	**une** amie	**une** photo

Erläutere die Verwendung von l'. *Vergleiche dabei auch:* **J'**arrive!/**J'**habite près de Rouen./ La rue de France, c'est près **d'**ici.

3. Le déterminant possessif Der Possessivbegleiter

♂		♀	
mon frère	**mon** ami	**mon** amie	**ma** sœur

Betrachte die Nomen, die mit einem Vokal beginnen. Auf welche Besonderheit mußt du achten?

4. Les compléments Ergänzungen

1. **Le complément d'objet direct**
Das direkte Objekt

– Tu cherches **le frère de Valérie?**
– Non, je cherche **mon frère.**

2. **Le complément circonstanciel avec le verbe <u>habiter</u>**
Die adverbiale Bestimmung mit dem Verb <u>habiter</u>

J'habite		rue Jeanne d'Arc. rue de France.
	à	Rouen. Paris.
	en	France. Allemagne.

5. L'impératif Der Imperativ

Regarde, Jérôme.	Regardez, Monsieur.
Jérôme, écoute.	Jérôme, Valérie, écoutez.

6. L'interrogation Die Frage

1. **L'interrogation totale** Die Entscheidungsfrage

	Tu	parles	allemand?	**Oui.**/	*Beschreibe die beiden Möglichkeiten, eine Entscheidungsfrage zu stellen. Beachte dabei auch die Intonation.*
Est-ce que	tu	parles	allemand?	**Non.**	

2. **L'interrogation partielle** Die Teilfrage

C'est	**qui?**		C'est **mon amie Fabienne.**	*Wonach wird gefragt?*
	Qui	est-ce?		

Qu'est-ce que	c'est?	C'est **un lac.**
Qu'est-ce qu'	il y a à Croisset?	Il y a **un musée Flaubert, un parc,** ___ .

Wonach wird gefragt? Wie lautet die Entsprechung für qu'est-ce que *im Deutschen?*

	Où est-ce que	tu habites?	J'habite **à Croisset.**	*Wonach wird gefragt?*
	Où est-ce que	c'est?	C'est **près de Rouen.**	*Beschreibe die beiden*
Tu habites	**où?**		**À Croisset.**	*Möglichkeiten, diese Frage*
C'est	**où?**		**Près de Rouen.**	*zu bilden.*

3 VOCABULAIRE

<u>la maison</u>	<u>la famille</u>		<u>la ville</u>	
la salle de séjour	le père	la sœur	le centre	la gare
la chambre	la mère	la grand-mère	le parc	la rue
la cuisine	le frère	le grand-père	le musée	la place
la salle de bains			l'université	
les toilettes			l'hôtel de ville	

4 PRONONCIATION

1. Les sons

[ʃ]	[ʒ]	[y]	[u]	un ami	mon ami/e
la <u>ch</u>ambre	<u>J</u>érôme	sal<u>u</u>t	t<u>ou</u>j<u>ou</u>rs	[ɛ̃nami]	[mɔ̃nami]
le <u>ch</u>at	la salle de sé<u>j</u>our	s<u>u</u>per	v<u>ou</u>s		
	la <u>g</u>éographie	t<u>u</u>		un hôtel	une ami/e
				[ɛ̃notɛl]	[ynami]

2. L'intonation

Vous écoutez Renaud?
[vuzekuterəno]

Tu parles allemand?
[typarlalmɑ̃]

Comment allez-vous?
[kɔmɑ̃talevu]

Vous habitez à Rouen?
[vuzabitearwɑ̃]

Tu habites où?
[tyabitu]

UNITÉ 3
UNE FÊTE

A / LA CINQUIÈME 2 ORGANISE UNE FÊTE

M. Martin, le professeur de français, organise une fête avec les élèves de la cinquième 2, la classe de Valérie.

Dans la classe, il y a une artiste: Sophie. Elle chante et elle joue dans un groupe de rock. Elle est super!

Là, c'est David. Il est dans un club photo et il fait les photos de la classe. Il est très drôle, David. Il fait toujours le clown.

Et voilà Patrick et Mohammed, les amis de David. Patrick, il joue dans un club de foot. Il joue bien et il gagne souvent. C'est un champion!

Mohammed, il parle français et arabe. Pour la fête, il organise une loterie . . .

C'est Fabienne, l'amie de Valérie. Elle habite près de Croisset. Là, il y a une école de danse. Elle danse bien, Fabienne. Elle est fantastique!

Il y a aussi Jacques et Véronique, la sœur de Jacques. Jacques chante, mais il chante faux. Et Véronique? Elle chante aussi, mais juste!

Et voilà Ludovic. Qu'est-ce qu'il fait, Ludovic? Il mange et il mange toujours . . . Alors, il organise un goûter pour la fête.

B / QU'EST-CE QU'ON FAIT?

M. MARTIN: Hum, un match de foot, c'est bien . . . une loterie . . . hum, c'est un peu simple, mais enfin . . .
MOHAMMED: Simple? Mais non, Monsieur, une loterie, c'est super!
M. MARTIN: Ah oui? Bon, d'accord . . . Toi, Sophie, tu as ton groupe de rock; tu fais toujours des concerts?
SOPHIE: Bien sûr!
M. MARTIN: Très bien. Alors, Sophie organise un concert.
FABIENNE: Et moi, j'organise un ballet!
M. MARTIN: Très bien, ton idée! Alors, toi, tu fais un ballet . . . Ah, et qui fait un numéro de clown? Toi, David?
DAVID: Ah non, Monsieur. Mais j'ai une idée! Fabienne, elle a un cheval . . .
M. MARTIN: Oui et alors?
DAVID: Eh bien, on fait un numéro avec son cheval!
FABIENNE: Euh, je suis d'accord. Mais ma mère . . . je ne sais pas.
DAVID: Oooh! sa maman . . . Bon, alors moi, je fais un numéro avec ma tortue. Elle est fantastique, ma tortue.
M. MARTIN: Et qu'est-ce qu'elle fait, ta tortue?
DAVID: Elle parle . . .
M. MARTIN: Oh David! S'il te plaît! Bon . . . et vous, Jacques et Véronique? . . . Jacques et Véronique, vous écoutez, s'il vous plaît?!
JACQUES et VÉRONIQUE: Oui, Monsieur!
M. MARTIN: Qu'est-ce que vous faites? Vous avez une idée?
JACQUES: On chante, Monsieur.
M. MARTIN: Ah, vous chantez? Très bien! . . . Bon alors, qu'est-ce qu'on fait pour la fête?

C / ENFIN, LA FÊTE!

EXERCICES

A

1. Qu'est-ce qu'il fait?

▸◂ *Posez des questions avec* est-ce que *et* qu'est-ce que *ou répondez.*

Sophie | Patrick | David | Jacques | Fabienne | Mohammed | Véronique

2. Les questions de M. Martin et de Nicole

▸▸ *Trouvez les questions.*

– Oui, je suis la correspondante de Valérie.
– À Wattenscheid.
– C'est près de Bochum.
– Il y a un lac.
– À Wattenscheid, je suis dans un club photo.

– C'est Fabienne.
– Elle est dans une école de danse.
– Non, elle habite à Croisset.

3. C'est un champion!

Présentez les élèves de votre classe.

C'est	le frère la sœur l'ami/e	de ___ .	Il/Elle	chante ___ . danse ___ .	Il/Elle est joue	dans un club de	volley-ball. tennis. judo. jazz. ___ .

C'est	un champion. un/e artiste. un clown. une star.	Il/Elle	est	drôle. chouette. fantastique. super.

4. La classe de Nicole

Écoutez et notez les mots au pluriel.

B

1. Qu'est-ce que tu fais pour la fête?

Nicole fragt die anwesenden Kinder, was sie für das Fest machen.
Und dann will sie noch wissen, was die anderen machen.

▸◂ a) *Faites des dialogues.*

tu ___ ?

Mohammed,
David,
Jacques et Véronique,

vous ___ ?

il ___ ?

Patrick,
Sophie,
Fabienne,

elle ___ ?

b) *Posez des questions avec* qui *et répondez.*

Qui organise un goûter?

Continuez.

goûter | faux | numéro avec la tortue | ballet | concert | match de foot | loterie

2. Monsieur Martin est drôle!

▸◂ *Complétez et donnez les réponses justes.*

1. Alors, Sophie, toi, tu [?] un groupe de rock, tu [?] un ballet?
2. Et David, il [?] un cheval et il [?] un numéro avec le cheval?
3. Et toi, Mohammed, tu es dans un club . . . euh et tu [?] un goûter?
4. Jacques et Véronique, vous [?] un chat, vous [?] un numéro avec le chat?

3. Vous avez une idée?

✲ *Faites des propositions. Utilisez l'impératif.*

4. Avenue Gustave Flaubert

Valérie parle de Jeanne d'Arc et de Flaubert et elle montre le plan de Rouen (p. 160).
▸◂ *Complétez par* son *ou* sa *et traduisez.*

1. VALÉRIE: Là, c'est [?] rue.
   NICOLE: Et [?] maison?
   VALÉRIE: Elle est à Domrémy, près de Nancy.
   NICOLE: Et [?] musée?
   VALÉRIE: Regarde, il est ici, place du Vieux Marché.

2. NICOLE: Regarde: avenue Gustave Flaubert!
   C'est [?] rue?
   VALÉRIE: Non, [?] rue, c'est la rue de Lecat.
   NICOLE: Ah bon . . . et ici, c'est [?] maison?
   VALÉRIE: Oui, c'est aussi [?] musée.

Gustave Flaubert

5. Les élèves de la 7 b

▸▸ *Trouvez les phrases.*

M. Baier fait une fête avec		idées?
– Qui a	les	élèves de la 7a!
– Klaus et moi, on fait		professeurs!
– On fait un match de foot contre		numéros de clown!
– Et contre	des	photos de la fête!
– Et moi, je fais		élèves de sa classe.

6. La fête de votre classe

✲ Votre classe organise une fête. *Discutez.*

On organise une loterie? | Ah oui, c'est ___ .
On fait un goûter? | Ah non, c'est ___ ! On fait ___ .

C'est très bien!
C'est fantastique!
C'est super!
C'est chouette!

C'est bien.
Elle est chouette, ton idée.
D'accord.

C'est (un peu) (trop) simple.
Ah, non alors!

7. Une fête à Croisset

Nathalie organise une fête à Croisset. Elle discute avec ses amis Annick, Pierre, Nadine et Yves. *Faites les dialogues.*

Nathalie fragt ihre Freunde, was man machen könne.	→	Annick will wissen, wo das Fest stattfindet.
	↙	
Das Fest findet im Park statt.	→	Das findet Annick toll. Sie schlägt ein Konzert vor und fragt Pierre, ob er noch im Jazzclub sei.
Pierre bejaht.	↙ ↘	Annick fragt ihn, ob er ein Jazzkonzert geben könne.
Pierre ist einverstanden und fragt Nadine, ob sie noch singe.	↙ →	Sie bejaht.
Er schlägt ihr vor, mit seiner Band zu singen.	↙ ↘	Nadine ist einverstanden.
Yves schlägt ein Fußballspiel vor: der Klub von Croisset gegen den Klub von Maromme.	↙ ↘	Nathalie weiß nicht so recht . . .
Yves und Pierre versuchen, sie zu überzeugen.	↙	

C

1. Qui est-ce?

Trouvez les personnes.

Ils font un concert.

Ils organisent une fête.

Elles jouent dans une pièce de théâtre.

Ils chantent en allemand.

Ils gagnent le match.

Elles ont un peu le trac.

Ils sont là aussi, ils jouent et gagnent.

2. Muc et Muche

a) *Complétez par* fait, font, ont *et* sont.

Valérie et Fabienne jouent une pièce de théâtre. Elles [?] une idée: «Muc et Muche, le correspondant et la correspondante de Mars.»
VALÉRIE: «Muc et Muche, on [?] un numéro de clown en français?»
Les correspondants de Mars [?] d'accord: «Oui, Valérie!» Ils [?] un numéro de clown. Ils [?] le trac mais enfin, ils [?] super.

b) *Complétez.*

Pour la fête, Valérie [?] une idée. Elle parle avec Fabienne: «J' [?] une idée. On [?] une pièce de théâtre. Tu [?] d'accord?» Fabienne [?] un peu le trac mais elle [?] d'accord.

3. Je parle trop vite?

Faites des phrases.

Moi, je Birgit et Nathalie Le frère de ___/Ma sœur Mon professeur de ___	parle/nt danse/nt joue/nt chante/nt	bien, faux, juste, très; trop, un peu, vite

4. Salade de mots

▸ ▸ *Faites les phrases.*

\+ Valérie, je / la chambre / partage / Florence / avec / ?
– Non, Muc, / tu / avec mon frère / la chambre / partages / .

\+ Sophie, / ton / nom / a / un / groupe / ?
– Oui, / zéro de / c'est / conduite / .

\+ Est-ce que / David / parle / la tortue de / ?
– Oui, / une / de conversation / minute / c'est / 3 F / .

\+ Mme Bachelet / de français / professeur / est / ?
– Non, Mme Bachelet / est / géographie / de / professeur / .

\+ Est-ce que / une tortue / et M. Martin / gagnent / Mme Bachelet / ?
– Non, / un billet de loterie / et Mme Bachelet / gagnent / M. Martin / .

5. En français?

▸ ◂ *Faites le dialogue.*

Toi		Ton professeur
Du fragst deinen Lehrer, was „Unterhaltung" auf französisch heißt.	→	Er antwortet.
	↙	
Du hast es nicht verstanden, weil er zu schnell spricht.	→	Er entschuldigt sich und wiederholt langsam.
	↙	
Du bedankst dich.		

D

JEUX ET ACTIVITÉS

1. Le rêve de Valérie

▸ ▸ *Racontez son rêve.*

2. Le jour J

Faites un programme illustré d'une fête.

REPÈRES

1 QU'EST-CE QU'ON DIT?

Du gibst Auskunft über die Aktivitäten deines/r Freundes/Freundin	Il/Elle est dans un club photo/a un groupe de rock/danse/joue dans un groupe ___ . C'est un/e artiste. Il/Elle est drôle.
Du weißt nicht, was du tun sollst und fragst	Alors, qu'est-ce qu'on fait?/Tu as une idée?
Du machst einen Vorschlag	On fait ___ ?/On organise ___ ?
Du findest die Idee deines/r Freundes/Freundin gut/toll/weniger gut	Très bien, ton idée. C'est fantastique/un peu trop simple.
Du hast etwas nicht verstanden	Je n'ai pas compris.
Du weißt etwas nicht	Je ne sais pas.
Du möchtest, daß man dir zuhört	Écoute, s'il te plaît!/Écoutez, s'il vous plaît!

2 GRAMMAIRE

1. Le déterminant possessif

♂		♀	
mon cheval	**mon** ami	**mon** amie	**ma** tortue
ton cheval	**ton** ami	**ton** amie	**ta** tortue
son cheval	**son** ami	**son** amie	**sa** tortue

1. Voilà David avec **sa** mère et **son** frère.
2. Et voilà Valérie avec **sa** mère et **son** frère.

Übersetze, und vergleiche mit dem Deutschen.

2. Le pluriel Der Plural

✎	👂	✎	👂
le chat → **les** chats	[leʃa]	un chat → **des** chats	[deʃa]
la maison → **les** maisons	[lemɛzɔ̃]	une maison → **des** maisons	[demɛzɔ̃]
l'ami/amie → **les** amis/amies	[lezami]	un/e ami/e → **des** amis/es	[dezami]

Woran erkennst du den Plural eines Nomens, wenn du schreibst? Und wenn du sprichst?

ATTENTION le/un cheva**l** → les/des cheva**ux**
le/un succès → les/des succès

Elle fait **des** concerts.
David fait **des** photos.
Übersetze, und vergleiche mit dem Deutschen.

3. Les pronoms personnels de la 3ème personne

Patrick est dans un club de foot. **Il** organise un match.
La tortue de David est fantastique. **Elle** parle.
Valérie et Fabienne font une pièce de théâtre. **Elles** jouent bien.
David et Patrick font un match et **ils** gagnent.
Véronique et Jacques chantent. **Ils** ont un peu le trac.

In welchen Fällen verwendest du ils?

M. MARTIN: Ludovic, David, qu'est-ce que vous faites? LUDOVIC: **On** mange, Monsieur. (1)	L.: ***Wir** essen, ...*
À Rouen, **on** mange bien. (2)	*In Rouen ißt **man** gut.*

4. Les verbes Die Verben

Elle/Il chante bien. [ɛlʃɑ̃t]
Elles/Ils chantent bien. [ɛlʃɑ̃t]

Il/Elle habite à Rouen. [ilabit]
Ils/Elles habitent à Rouen. [ilzabit]

Betrachte die 3. Person Plural dieser Verben: Was schreibt man? Was spricht man?

ATTENTION

[ilzɔ̃]	[ilsɔ̃]
ils ont	ils sont

5. L'adverbe Das Adverb

Fabienne parle **vite** et elle parle **toujours**.
Fabienne parle **trop vite**.
Valérie est **très** drôle.

a) *Gib an, auf welche Wörter sich die Adverbien jeweils beziehen.*

b) *Beschreibe ihre Stellung im Satz.*

6. L'interrogation partielle

Qui fait toujours le clown?

Qui fait les photos de la classe?

David, bien sûr!

3 VOCABULAIRE

la fête	le groupe de rock	le ballet	le club de foot	la loterie
l'artiste	le concert	le numéro	le match de foot	le club photo

4 PRONONCIATION

[z]
ils ont
elles habitent
zéro
on organise
les élèves

[s]
ils sont
ça va
la salle
le concert

[ɲ]
il gagne

UNITÉ 4
EN VILLE

A / JE VOUDRAIS BIEN ALLER EN VILLE

Mercredi. Florence est chez Antoine. Les enfants sont à la maison. Valérie est dans sa chambre avec Nicole et elle fait ses devoirs. Jérôme travaille aussi.
Demain, c'est le départ de Nicole.

<u>NICOLE:</u> Dis, Valérie, je voudrais acheter des cadeaux pour mes parents.
<u>VALÉRIE:</u> Ah oui? Alors, on fait un tour en ville et on achète des cadeaux!

Les parents de Jérôme et Valérie travaillent encore, mais la grand-mère est là. Elle est dans la salle de séjour et elle regarde la télévision: il y a un match de foot.

<u>MME GENÊT:</u> Ah, bravo! Il joue bien le numéro treize, le quatorze aussi, ce sont des champions!
<u>VALÉRIE:</u> Dis, Mamie . . . on va en ville.
<u>MME GENÊT:</u> Vous allez en ville? Et tes devoirs, Valérie?
<u>NICOLE:</u> Oh Madame, je voudrais acheter des cadeaux pour mes parents et . . .
<u>MME GENÊT:</u> Hum . . . bon.
<u>JÉRÔME:</u> Mamie, je vais en ville avec les filles!

<u>MME GENÊT:</u> Toi aussi? Et tes maths?
<u>JÉRÔME:</u> Mes maths? Euh, je cherche un livre pour mon ordinateur.
<u>VALÉRIE:</u> Et c'est aussi pour ses maths, Mamie!
<u>MME GENÊT:</u> Bon, alors achetez aussi «Télérama», s'il vous plaît.

Et les enfants vont en ville . . .

B / VOUS AIMEZ VOTRE VILLE?

JOURNALISTE: Vous aimez votre ville, Madame?

DAME: Oui, j'aime bien Rouen mais je ne voudrais pas habiter dans le centre. J'aime bien la Seine, le port.

JEUNE FILLE: Oui, beaucoup . . . j'aime les rues, les maisons dans le centre . . . les cafés sur la place du Vieux Marché.

JOURNALISTE: Et toi?

ENFANT: Non! Moi, je n'aime pas la ville.

JOURNALISTE: Pourquoi?

ENFANT: Parce que j'aime jouer dans la rue mais avec les voitures, ce n'est pas drôle . . .

JOURNALISTE: Et vous, est-ce que vous aimez Rouen?

DAME: Je ne suis pas d'ici, je visite la ville. Oui, j'aime beaucoup la cathédrale, les églises et aussi les musées, les rues. Les maisons sont fantastiques et les gens ici sont très sympathiques.

MONSIEUR: Rouen? Non pas trop . . . Moi, je voudrais habiter à Paris ou à Marseille.

JOURNALISTE: Et vous?

MONSIEUR: Moi, je n'aime pas la ville. Je travaille et j'habite ici mais je voudrais avoir une maison à la campagne.

JOURNALISTE: Et toi, tu aimes ta ville?

PUNK: Euh . . . oui!

JOURNALISTE: Et qu'est-ce que tu aimes ici?

PUNK: Je ne sais pas . . . euh . . . la gare!

JOURNALISTE: La gare?

PUNK: Oui, c'est bien, une gare. Moi, j'aime bien aller ailleurs.

UNITÉ 4

C / JÉRÔME, LE GUIDE

A

1. Mercredi

▸▸ *Corrigez.*

1. Mercredi. Florence fait un tour en ville.
2. Valérie, Jérôme et Nicole sont dans la salle de séjour.
3. Jérôme joue avec son ordinateur et Valérie regarde la télévision.
4. Les parents de Valérie sont en ville et achètent un cadeau pour Nicole.
5. La grand-mère est dans la cuisine et travaille.
6. Demain, Nicole est encore chez les Calvet.

2. Qu'est-ce qu'on fait?

Après l'école Sophie propose: «On fait un tour en ville?» Mais voilà, ses amis ont déjà des projets.

▸▸ *Complétez par les formes du verbe* aller.

VALÉRIE: Je voudrais [?] chez Fabienne.
LUDOVIC: Et moi, je [?] à la maison. Ma mère fait un goûter!
PATRICK et DAVID: On [?] en ville. Il y a un groupe de rock dans le parc.
SOPHIE: Et Jacques et Véronique, qu'est-ce qu'ils font?
VALÉRIE: Ils [?] à Croisset. Il y a un concert.

3. Je voudrais organiser une fête

Trouvez les infinitifs des verbes:
(je/j') regarde – cherche – habite – mange – suis – ai – parle – gagne – note – travaille

Notez les infinitifs dans votre cahier.

4. Un tour en ville

✲ *Faites des phrases.*

Je voudrais	acheter	un livre pour ___ .
	écouter	des cadeaux pour ___ .
	faire	en ville.
	danser	un tour ___ .
	chanter	un goûter
	jouer	dans mon club de foot.
	aller	les devoirs.
		Renaud.

5. Ce sont mes photos!

▸ ▸ mes, tes *ou* ses? *Complétez.*

6. On va chez Sophie?

▸ ◂ Tu fais des propositions à David mais il n'est pas tout de suite d'accord. *Jouez les rôles.*

TOI:

1. Il y a | un concert de rock / un match de foot / une fête | à Rouen. / à la télévision. / en ville. / chez Fabienne. / avec Sophie.

2. On va ___ ?
On achète ___ ?
On fait ___ ?

DAVID:

1. Moi et | le ___ / la ___ / les ___ | ça fait deux.

2. Toujours | le ___ ! / la ___ ! / les ___ !

3. D'accord! Chouette! ___ !

7. Le rêve de Mohammed

Et vous? Notez vos «rêves» et lisez.

1. Rouen, c'est bien

▸▸ *Qu'est-ce qu'ils aiment? Pourquoi?*

La dame La jeune fille	aime	bien beaucoup	le centre les cafés	
L'enfant Le monsieur Le punk	n'aime pas		habiter à Rouen ___	parce que ___ .

✲ *Et vous, qu'est-ce que vous aimez dans votre ville? Qu'est-ce que vous n'aimez pas?*

2. La fête de la cinquième 2

▸▸ Le journaliste de l'unité 3 note:

M. Martin – professeur d'allemand
Fabienne – Rouen – dans un groupe de rock
Mohammed – fait le clown
David – champion de foot
Sophie – Croisset – danse dans un ballet
Ludovic – frère de Véronique – chante
Jacques – frère de Valérie – joue dans une pièce de théâtre
Nicole – correspondante de Véronique – de Würzburg

Corrigez ses notes.

M. Martin, n'est pas professeur d'allemand, il est ___ .

3. Est-ce que tu aimes les chats?

Est-ce que tu aimes | ta ville?
les livres?
tes professeurs?
parler français?
___ ?

✲ *Posez des questions ou répondez.*

(pas) drôle
(pas) sympathique

pas trop
beaucoup
fantastique

4. La correspondante idéale

Qui est le correspondant/ la correspondante de qui? Pourquoi?

Isabelle, c'est la correspondante de ___ parce qu'elle ___ .
Sandra ___ .

5. Je cherche une correspondante

a) *Regardez l'exercice n° 4 et cherchez votre correspondant/e.*

Je voudrais ___ pour correspondant/e parce que ___ .
Mon correspondant/Ma correspondante, c'est ___ .

b) *Écrivez une lettre pour avoir une correspondante/un correspondant en France.*

Je suis de ___ .
Je voudrais ___ .
J'ai une sœur/un ___ .
J'aime bien/beaucoup ___ .
Je n'aime pas ___ .

C

1. Place de la Cathédrale

▸▸ *Répondez.*

1. Qu'est-ce qu'il y a sur la place de la Cathédrale?
2. Qu'est-ce que les enfants visitent d'abord?
3. Et après?
4. Et les touristes sur la place, qu'est-ce qu'ils font?
5. Pourquoi est-ce que Jérôme ne va pas dans le musée Jeanne d'Arc avec les touristes?
6. Est-ce que Jérôme achète son livre? Pourquoi?

Est-ce que Jérôme est drôle/sympathique?
Est-ce que tu aimes l'histoire? Pourquoi (pas)?

2. On va au musée?

▸◂ *Posez des questions et répondez.*

– Qu'est-ce qu'ils font, Patrick et David?
– D'abord ils vont à la/à l'/au/aux ___ , après ___ .

	d'abord	puis	et après
Patrick et David	école	club photo	match de foot
Les touristes	port	hôtel	gare
Nicole et son amie	café	concert de jazz	maison
Fabienne et sa mère	librairie	Nouvelles Galeries	théâtre

Et toi, qu'est-ce que tu fais après l'école?
Où est-ce que tu vas après l'école?

3. Nous visitons Rouen

Toi et tes parents, vous êtes avec un groupe et vous visitez Rouen. M. Dupuis fait le programme. Tu poses des questions à M. Dupuis parce que tes parents ne parlent pas bien français. Voilà les questions de tes parents:

Fahren wir nach Croisset? Essen wir in Rouen?
Besichtigen wir die Kirche von St. Ouen?
Laufen wir durch die Innenstadt? Gehen wir ins Theater?
Und morgen? Was machen wir da?

Trouvez les questions et imaginez les réponses.

«Est-ce que nous ___ ?»

4. La rue de Lecat, s'il vous plaît?

Tu es dans la rue Grand Pont et tu cherches la cathédrale – la gare – l'église St. Ouen – l'Office du Tourisme – la place du Vieux Marché – la librairie de la cathédrale.

▸◂ *Regardez le plan p. 160. Jouez les rôles.*

Pardon, ___ , je cherche ___ .

Je ne sais pas.
Je ne suis pas d'ici.
D'abord | Après — tu — tournes à droite/à gauche. | continues tout droit. | arrives — dans la rue ___ . | dans l'avenue ___ . | sur la place ___ .

Oui, d'accord.
Pardon, je n'ai pas compris.
Et après?
Alors je tourne ___ , et je ___ .

La librairie | ___ — est — là. | devant ___ . | derrière ___ .

5. On fait un tour dans le centre?

▸◂ Tu visites ta ville avec ton/ta correspondant/e. *Faites le dialogue.*

Du sagst ihm/ihr, was ihr euch alles anschauen könnt.
Dein/e Brieffreund/in ist nicht mit allem einverstanden. Er/Sie möchte noch einiges andere sehen und ein Geschenk kaufen.
Ihr einigt euch und macht einen Plan.

D

JEUX ET ACTIVITÉS

1. Rouen, c'est fantastique

Faites une affiche de votre ville pour des touristes français.

2. C'est où?

Bildet Gruppen, und bestimmt gemeinsam einen Ausgangspunkt auf dem Stadtplan von Rouen. Jemand denkt sich ein Ziel aus, sagt es aber nicht, sondern dirigiert die anderen dahin. Am Ende vergleicht ihr, wo ihr angekommen seid.

REPÈRES

1 QU'EST-CE QU'ON DIT?

Du äußerst einen Wunsch	Je voudrais (bien) aller à Rouen.
Du fragst jemanden nach seinen Vorlieben	Tu aimes les chats? Est-ce que vous aimez la campagne?
Du sagst, was du magst	J'aime les ordinateurs. J'aime bien habiter à la campagne.
Du fragst nach einer Begründung	Pourquoi?
Du gibst einen Grund an	Parce que ___ .
Du erkundigst dich nach dem Weg	Pardon, le musée ___ , c'est où? Pardon, Mme/M., je cherche le musée ___ .
Du beschreibst jemandem den Weg	Vous allez/continuez tout droit./Vous arrivez dans la rue ___ ./(Là,) Vous tournez à droite/à gauche./Le musée est dans la rue ___/devant/derrière la cathédrale./À droite/À gauche, il y a ___ .
Du führst jemanden herum	Nous visitons maintenant la place ___ . Nous arrivons maintenant devant l'église ___ .

2 GRAMMAIRE

1. L'article défini contracté
Der zusammengezogene Artikel

Antoine cherche	**la** maison de Flaubert. l'université. **le** musée Flaubert. **les** Nouvelles Galeries.
Antoine va est	**à la** maison. **à l'**université. **au** musée Flaubert. **aux** Nouvelles Galeries.

Betrachte die beiden Beispielblöcke.
Wann verwendest du au *und* aux?

2. Le déterminant possessif
Der Possessivbegleiter

♂		♀	
mes frères [mefrɛr]	**mes** amis [mezami]	**mes** amies [mezami]	**mes** sœurs [mesœr]
tes frères **ses** frères	**tes** amis **ses** amis	**tes** amies **ses** amies	**tes** sœurs **ses** sœurs

3. L'accord de l'adjectif au pluriel
Die Angleichung des Adjektivs im Plural

David est drôle.	[davidɛdrol]
David et Ludovic sont drôles. Les gens sont sympathiques. Les maisons sont fantastiques.	[davidelydoviksɔ̃drol] [leʒɑ̃sɔ̃sɛ̃patik] [lemɛzɔ̃sɔ̃fɑ̃tastik]

4. Le verbe

1. **L'infinitif** Der Infinitiv

Je voudrais **faire** un tour en ville et **visiter** le musée.

2. **Conjugaison** Konjugation

Du kannst jetzt folgende Verben im Präsens konjugieren:
- *die Verben auf* -er, *die ihren Stamm nicht verändern, wie* aimer, chanter, écouter, travailler.
  Beachte aber: manger → nous mangeons [numɑ̃ʒɔ̃]/partager → nous partageons [nupartaʒɔ̃]
- *die Verben auf* -er, *die ihren Stamm verändern, wie* acheter: j'achète → [ʒaʃɛt]/nous achetons → [nuzaʃtɔ̃]
- *die unregelmäßigen Verben* aller, avoir, être *und* faire

5. Le complément d'objet direct

Patrick aime **le** football.
Et Sophie? Elle aime beaucoup **le** rock.

Vergleiche mit dem Deutschen:
Was ist im Deutschen anders?

Je voudrais **habiter** à Rouen. (1)
Je voudrais bien **aller** en ville. (2)

Übersetze die Sätze (1) und (2), und vergleiche die Wortstellung im Deutschen und im Französischen.

ATTENTION Valérie achète **des** cadeaux.
mais: Valérie aime **les** cadeaux.

6. Les prépositions chez, en, dans et à

être aller	**chez**	une amie Jérôme, Valérie
	en	France ville
	dans	le centre la rue la cuisine
	sur	la place
	à	Croisset, Rouen
	à	**la** maison l'école
	au	musée
	aux	Nouvelles Galeries

7. La négation Die Verneinung

Jérôme **ne** fait **pas** ses devoirs.
David **n'**aime **pas** aller chez Fabienne.
Moi, je **ne** voudrais **pas** habiter à la campagne. Et toi?

Wie wird die Verneinung gebildet? Beschreibe die Stellung der Verneinungswörter.

8. L'interrogation

Pourquoi est-ce que vous aimez Rouen?

9. La phrase subordonnée Der Nebensatz

J'aime bien Rouen **parce que** les maisons sont fantastiques et **parce que** les gens sont sympathiques.

Vergleiche mit der Wortstellung im Deutschen.

3 VOCABULAIRE

la ville	l'église	demain	après	sur	à droite	aller
le centre	la cathédrale	maintenant	et puis	dans	à gauche	arriver
le port	la librairie	d'abord	enfin	devant	derrière	tourner
le café						continuer

4 PRONONCIATION

les sons [o] et [ɔ]

[o]	[ɔ]
<u>au</u>ssi [osi]	<u>o</u>rdinateur [ɔrdinatœr]
cad<u>eau</u> [kado]	al<u>o</u>rs [alɔr]
dr<u>ô</u>le [drol]	p<u>o</u>rt [pɔr]

les sons [j] et [l]

le bi<u>ll</u>et [bijɛ]
la fi<u>ll</u>e [fij]
travai<u>ll</u>er [travaje]
ai<u>ll</u>eurs [ajœr]

mais: la vi<u>ll</u>e [vil]

Chanson pour prendre le bus

Salut bonjour M'sieursdames!
Enlevez vot' walkman
mangez votre journal
la fille près de vous
le garçon près de vous
la dame, le m'sieur, le vieux
ils sont bien mieux
et ils parlent
et ils parlent
mais oui, ils parlent!

Venez, écoutez
on partage
une page
de la vie

Salut bonjour M'sieursdames!
Vous êtes en retard
y a l'travail, l'bus, la gare
écoutez ma guitare
Mais non c'est pas trop tard
les cœurs, c'est pas fermé
Jouez parlez aimez
en musique
en musique
c'est fantastique

Venez, écoutez
on partage
une page
de la vie

UNITÉ 5
LE DÉSORDRE

A / LE JOUR ET LA NUIT

Jérôme et Valérie, c'est le jour et la nuit.

Valérie aime la campagne, les animaux et le sport. Elle est dans un club de volley-ball et joue toujours le mercredi.

Valérie est très gaie. Elle n'aime pas être seule, alors elle est toujours avec des amis. Ils font leurs devoirs, ils jouent, ils discutent ou bien ils écoutent des cassettes.

Jérôme aime la ville, la poésie et son ordinateur.

Il aime aller en ville mais, quelquefois, il préfère rester dans la chambre, être seul, jouer avec son ordinateur ou regarder sa mini-moustache . . . son problème!

Mais le frère, comme la sœur, cherche toujours quelque chose. Jérôme aime le désordre, et le désordre aime Valérie! C'est comme ça! Dans leurs chambres, il y a des cahiers sur les livres et des journaux sur les cahiers. Chez Jérôme, il y a des disquettes sur un journal et des cassettes sur les disquettes. Chez Valérie, il y a des baskets sous le lit et des stylos derrière les baskets.
Pour les deux enfants, le désordre, ce n'est pas un problème, mais pour leur mère, si!

B / ILS PEUVENT AIDER, OUI, MAIS . . .

Madame Calvet travaille à la poste. Son travail est intéressant mais elle rentre tard. Elle espère trouver un appartement en ordre: ses filles ont 18 et 12 ans, son fils a 15 ans. Ils peuvent aider leur mère. Ils peuvent, oui, mais . . . Flo et Valérie font encore leurs devoirs et Jérôme est dans la salle de bains.

Dans la chambre de Jérôme, c'est le désordre. Chez Valérie aussi. Leurs chambres ne sont pas très grandes, alors leur désordre, c'est une catastrophe!

La cuisine et la salle de séjour? Elles sont en désordre aussi! Dans la cuisine, il y a des bols sur la table, et dans la salle de séjour, il y a des journaux ici et là, des livres sur la télé . . .

Et M. Calvet? Où est-ce qu'il est? Hum . . . dans la salle de séjour avec un journal. Mais il travaille beaucoup, M. Calvet, et il rentre tard aussi, alors . . .

Dans un appartement, l'ordre est important! Les filles font leurs devoirs, c'est vrai, mais elles peuvent ranger l'appartement et mettre le couvert. Valérie ne trouve pas ça très juste. Pourquoi les filles? Est-ce que c'est un travail de fille, le travail de la maison?

Monsieur Jérôme, le garçon de la famille, peut bien aider aussi. Il est toujours devant son ordinateur, dans la salle de bains ou sur son lit avec un livre de poésie.

C / IL FAUT TROUVER UNE SOLUTION!

MME CALVET: J'en ai assez! Ça ne peut pas continuer comme ça! Nous, on travaille et vous, qu'est-ce que vous faites? Il faut trouver une solution! Qui a une idée?

JÉRÔME: Ouh là là . . . moi, pour le travail à la maison, je n'ai pas d'idée!

M. CALVET: Hum, moi, je peux faire les courses . . . Jérôme, lui, peut passer l'aspirateur, Florence et Valérie, elles, aident leur mère à la cuisine et mettent le couvert.

JÉRÔME: Papa, je ne voudrais pas toujours passer l'aspirateur et ranger . . .

VALÉRIE: Oh toi, tu fais toujours des histoires . . .

JÉRÔME: Mais non, je ne fais pas d'histoires! Toujours passer l'aspirateur, ce n'est pas drôle!

M. CALVET: Bon alors, on fait tout, mais un jour par semaine. Le dimanche, c'est toujours à moi, le lundi, c'est à Valérie, le mardi, à Florence.

FLORENCE: Ça ne va pas! Moi, quelquefois, j'ai six ou huit devoirs et c'est la catastrophe, et quelquefois, non; alors là, je peux faire quelque chose à la maison!

JÉRÔME: Et le mercredi, il y a mamie!

MME CALVET: Le mercredi, mamie fait la cuisine et c'est tout, Jérôme.

VALÉRIE: Écoutez, voilà: il faut aider papa et maman à tour de rôle, mais on peut décider le jour et on fait un plan de travail, le dimanche. On passe l'aspirateur et on range l'appartement un jour sur deux mais on aide aussi à la cuisine. C'est simple, non?

FLORENCE: Euh . . . alors, on fait deux choses, à tour de rôle, oui, c'est une idée.

JÉRÔME: Hum, papa et maman, eux, qu'est-ce qu'ils font?

VALÉRIE: Ils achètent le pain et ils font la cuisine.

JÉRÔME: Oui, mais le samedi et le dimanche, ils sont là! Ils peuvent aller au supermarché.

VALÉRIE: Nous aussi, on est là, alors on décide tout ça le samedi!

M. et MME CALVET: Ça, c'est une solution . . .

VALÉRIE: Bon, alors je fais un plan. Jérôme, tu as un stylo?

JÉRÔME: Écoute, on fait le plan sur mon ordinateur, il n'y a pas de problème!

lundi	Flo	papa	Valérie	papa	Flo
mardi		maman		maman	Valérie
mercredi	Jérôme	papa	Flo	papa	Jérôme
jeudi		maman		maman	Flo
vendredi	Valérie	papa		papa	Valérie
samedi					
dimanche					
lundi		Jérôme			Jérôme

EXERCICES

A

1. Jérôme et Valérie

Qu'est-ce qu'ils aiment?

Répondez.

Valérie
Jérôme

aime
aime bien
préfère

le volley/les animaux/le désordre/la poésie/___

des cassettes
les devoirs
sa moustache

aller/discuter/écouter/faire/jouer/regarder/rester/___

avec ses amis.
avec son ordinateur.
chez ses amis.
dans sa chambre.

2. Le désordre

Voilà les chambres de Valérie et de Jérôme. Elles sont en désordre parce que:

Décrivez. Dans la chambre de

Valérie, Jérôme,	il y a	un ___ une ___ des ___	sous ___ . sur ___ . devant ___ . derrière ___ .

3. La catastrophe

▸ ◂ Valérie et Jérôme cherchent toujours quelque chose, par exemple un livre de géographie. *Jouez les rôles.*

Mon livre de géo, où est-ce qu'il est?
Je cherche ___ .
Je ne trouve pas ___ .

4. À la campagne

▸ ▸ *Faites les phrases.*

1. Le week-end, Fabienne et		mère vont toujours à la campagne.
2. La campagne est fantastique et		maison aussi.
3. Fabienne aime beaucoup		cheval.
4. Valérie va aussi à la campagne avec		amie Fabienne.
5. Elle fait quelquefois un tour avec		cheval.
6. Quelquefois Patrick est là avec		amis David et Ludovic.
7. Fabienne et Valérie aiment jouer avec		amis.

5. Le clown est drôle

Faites des phrases et expliquez l'accord.

gai/drôle/fantastique/seul/sympathique/joli/simple

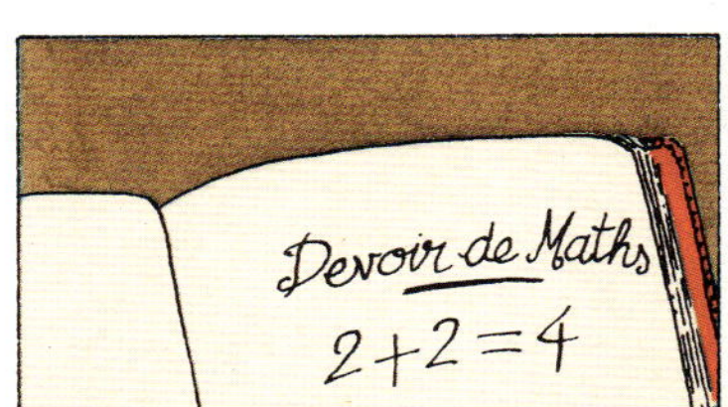

6. Moi, j'aime la télévision

Discutez.

la ville	les animaux	la télé	le foot	le judo
la campagne	les chats	les livres	le volley	le tennis
	___	la musique		___
		___		

Moi aussi, ___ .

Moi, j'aime ___ .

Moi non. ___ . Moi, je préfère ___ .

B

1. Le problème de Mme Calvet

Répondez.

1. Jérôme, où est-ce qu'il est?
2. Qu'est-ce qu'il y a dans les chambres de Valérie et Jérôme?
3. Et dans la cuisine?
4. Et dans la salle de séjour?
5. Monsieur Calvet, qu'est-ce qu'il fait?
6. Qu'est-ce que Valérie peut faire?
7. Et Florence?
8. Est-ce que Valérie est d'accord?

2. Chez les Pardieu

Complétez et utilisez pouvoir.

Les chambres de Véronique et de Jacques sont en désordre. La cuisine aussi. Pour Mme Pardieu, ce n'est pas très drôle . . . À son avis, son fils et sa fille (1) et (2). Mais Véronique fait ses devoirs et Jacques va à son club, alors, ils (1) et (2). Pour Mme Pardieu, ce n'est pas un problème: Véronique (4), et (2). Après son club, Jacques (1) et (3). Mais Jacques n'est pas d'accord . . . c'est un travail de fille!

▸ ◂ *Et maintenant faites le dialogue.*

3. Le travail à la maison

Un journaliste fait une interview avec Stéphane et Dominique. Après l'interview, il note:

Stéphane et Dominique ont 12 ans. Ils sont en cinquième. Ils aiment leur classe. Leurs parents travaillent: leur père travaille à la poste, leur mère dans une librairie. À la maison, Dominique et Stéphane aident leurs parents. Leur mère aime beaucoup l'ordre. Ils rangent leur chambre, font leurs lits et mettent le couvert. Ils ont une soeur. Elle a 20 ans et elle n'a pas de travail. Alors elle range l'appartement et elle aide leur mère.

▸ ◂ *Trouvez les questions et les réponses. Jouez les rôles.*

LE JOURNALISTE: Est-ce que vos parents travaillent?
DOMINIQUE: Oui, nos parents travaillent. Notre père ___ .

4. La fête

Écoutez. Notez les adjectifs et expliquez l'accord.

5. Va dans la cuisine!

Faites des phrases à l'impératif.

6. Travail de garçons ou travail de filles?

Travail de garçon? Sport de fille?

Faites une liste et discutez.

À mon/notre avis, le foot/le hockey ___ .

Faire les lits/Ranger, c'est ___ .

Alors, à ton/votre avis ___ ?

Ah, tu trouves?

Ce n'est pas vrai parce que ___ .

Bon, d'accord,
c'est vrai mais quelquefois ___ .

C

1. La solution

Refaites le dialogue.

Mme Calvet
- en avoir assez
- avoir un problème

→ M. Calvet
- faire les courses
- passer l'aspirateur
- aider à la cuisine

→ Jérôme
- pas toujours
- pas très drôle

↓ M. Calvet
- faire tout
- un jour par semaine

← Florence
- pas d'accord

← Valérie
- aider à tour de rôle
- décider le jour
- faire un plan

← M. Calvet et Mme Calvet
- d'accord

2. Le lundi, je ne peux pas

▸◂ *Faites des dialogues.*

VALÉRIE: On va au théâtre, lundi?
FABIENNE: Je ne peux pas, le lundi, j'ai toujours mon école de danse.

Continuez.

concert fête de ___ goûter de ___	dimanche mercredi samedi ___	?

devoirs club photo club de volley ___	!

On va ___ ?
Je ne peux pas, ___ .
Ah, c'est bien, mais ___ .
Ça ne va pas parce que ___ .

3. Pas de problème?

a) *Regardez les dessins. Qu'est-ce qui ne va pas?*

b) Qu'est-ce qu'il y a dans une ville comme Rouen?
Qu'est-ce qu'il y a et qu'est-ce qu'il n'y a pas à Croisset?

Racontez.

4. Il faut faire quelque chose!

Regardez le plan de travail, p. 47. Florence a un problème. Elle n'est pas là lundi. Jérôme, lui, va à son club d'informatique le lundi. Valérie, Jérôme et Florence discutent et font un autre plan.

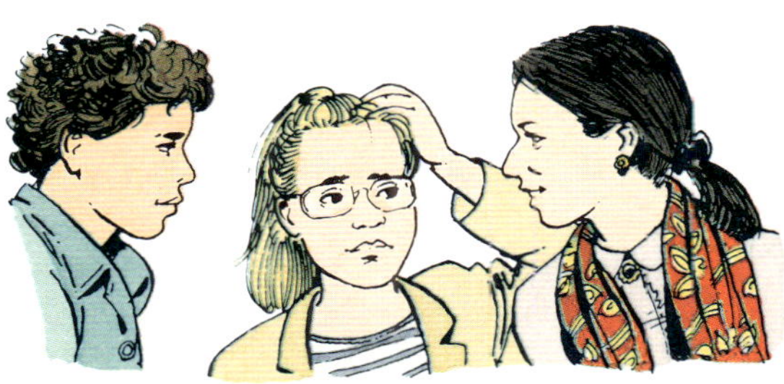

Faites le dialogue.

FLORENCE: Lundi, je ne suis pas là.
Je ne peux pas ___ .

5. Moi, je range!

Qu'est-ce que vous faites à la maison?

Ma sœur, elle, Mon frère, lui, Ma mère et mon père, eux, Moi, je	(mettre) le couvert. (faire) la cuisine. les courses. ___ .

JEUX ET ACTIVITÉS

Qu'est-ce qu'il y a, Patachon?

Patachon, le robot des Toinon, en a assez; il discute avec la famille.

Faites le sketch et jouez à cinq.

Der Roboter klagt, weil er den ganzen Haushalt übernehmen und immer aufräumen muß. Er hat es satt. Seiner Meinung nach arbeitet er zu viel. Er möchte nur jeden zweiten Tag arbeiten oder den Tag bestimmen. Manchmal möchte er auch gerne ausgehen.

Frau und Herr Toinon befragen Patachon und machen Vorschläge oder Gegenvorschläge.

Stéphane und Dominique protestieren, bestreiten zum Teil die Aussagen von Patachon, finden aber auch seine Arbeit langweilig. Als Alternative schlagen sie vor, er solle dem Computer helfen oder mit der Katze Mistigri in die Stadt gehen.

REPÈRES

1 QU'EST-CE QU'ON DIT?

Du fragst jemanden nach seinem Alter und gibst dein Alter an	Tu as/Vous avez quel âge? J'ai ___ ans.
Du redest über deine Vorlieben	Moi, je préfère ___ .
Du fragst deine/n Freund/in, ob er/sie «Zéro de conduite» nicht mag *Du antwortest auf solch eine Frage*	Est-ce que tu n'aimes pas «Zéro de conduite»? Si, bien sûr!/Non, pas trop.
Du beklagst dich *und sagst deine Meinung*	J'en ai assez./J'en ai plein le dos./Ça ne peut pas continuer comme ça./Il faut trouver une solution!/Ce n'est pas juste. À mon avis, ___ .
Du bittest jemanden, aufzuräumen/den Tisch zu decken	Tu peux ranger ___ , s'il te plaît?/Vous pouvez mettre le couvert, s'il vous plaît?
Du machst einen Vorschlag *Du stimmst einem Vorschlag zu* *Du lehnst einen Vorschlag ab*	On fait ___ , d'accord?/On peut faire ___ . D'accord./Ça, c'est bien./Ça, c'est une solution. Je ne suis pas d'accord./Ça ne va pas.
Du bist nicht ganz einverstanden	Oui, mais _____ ./Tu trouves?
Du bist empört, aber dann ... lenkst du doch ein	Mais enfin!/Non mais, ça va bien, toi? Ça va, ça va, je ___ .

2 GRAMMAIRE

1. Le déterminant possessif

♂ und ♀	♂ und ♀
notre ami/amie	**nos** amis/amies
votre ami/amie	**vos** amis/amies
leur ami/amie	**leurs** amis/amies

Faites **vos** devoirs, Jérôme et Valérie.
Vos enfants ont quel âge, Madame?

Gib die verschiedenen Bedeutungen von votre/vos *im Deutschen an.*

2. Le pronom personnel disjoint Das unverbundene Personalpronomen

Moi, je range ma chambre.
Toi, tu ranges la cuisine.
Elle, elle achète le pain.
Lui, il fait la cuisine.

Nous, on fait / nous faisons nos devoirs.
Vous, vous passez l'aspirateur.
Elles, elles mettent le couvert.
Eux, ils aident leur mère.

3. L'accord de l'adjectif

♀ ♂	♀	♂
[sɛ̃patik] [sœl] [grɑ̃d] [grɑ̃]	Sophie est sympathique seul**e** grand**e**	David est sympathique seul grand
[sɛ̃patik] [sœl] [grɑ̃d] [grɑ̃]	Sophie et Valérie sont sympathique**s** seul**es** grand**es**	David et Patrick sont sympathique**s** seul**s** grand**s**

ATTENTION
Sophie et David sont sympathiques/seuls/grands.

Wie unterscheidest du männlich und weiblich, Singular und Plural dieser Adjektive,
– wenn du sprichst,
– wenn du schreibst?

4. Les verbes impersonnels Unpersönliche Verben

Il **faut trouver** une solution!	*(Es muß eine Lösung gefunden werden!/ Wir müssen eine Lösung finden!)*
Viens, Valérie, **il faut rentrer**.	*(___ wir müssen nach Hause gehen.)*
Jérôme, **il faut ranger** ta chambre.	*(___ du mußt dein Zimmer aufräumen./ ___ dein Zimmer muß aufgeräumt werden.)*

5. Nouvelles conjugaisons Neue Konjugationen

préférer – espérer
mettre
pouvoir

6. Le complément du verbe

ATTENTION
Valérie aime **les** animaux.
Jérôme préfère **les** livres.

7. La négation

Les Calvet ont **un** problème.	→	Les Calvet **n'**ont **pas de** problème.
Valérie a **une** idée.	→	Valérie **n'**a **pas d'**idée.
Elle trouve **une** solution.	→	Elle **ne** trouve **pas de** solution.
Mais Jérôme fait **des** histoires.	→	Jérôme **ne** fait **pas d'**histoires.
Elle trouve **la** solution.	→	Elle **ne** trouve **pas la** solution.

Wann mußt du im verneinten Satz ne ___ pas de *verwenden?*
Wie lautet die deutsche Entsprechung von ne ___ pas de*?*

ATTENTION avec le verbe **être**: C'**est un** problème. → Ce **n'est pas un** problème.
Vous **êtes des** enfants. → Vous **n'êtes pas des** enfants.

8. L'interro-négation Die verneinte Frage

Tu vas chez Antoine, Florence? – Oui./Non, je fais mes devoirs.

Tu **ne** vas **pas** au volley, Valérie? – **Si**, mais je cherche mes baskets./ Non, je vais au volley le mercredi.

3 VOCABULAIRE

le cahier
le livre
le journal
la cassette
le mini-cassette

l'ordinateur
la disquette
le lit
le stylo
la table

l'ordre
le désordre
passer l'aspirateur
mettre le couvert
ranger l'appartement
faire la cuisine
faire les courses

le problème
la solution
trouver une solution

4 PRONONCIATION

les sons [g] et [k]

la <u>g</u>are [gar]
le <u>g</u>oûter [gute]
le <u>g</u>arçon [garsɔ̃]

le <u>c</u>adeau [kado]
la <u>c</u>assette [kasɛt]
le <u>c</u>ouvert [kuvɛr]

Bouquet

Trois pensées trois coquelicots trois soucis
Trois soucis trois roses trois œillets
Les trois roses pour mon amie
Les trois œillets pour mon ami
Les trois coquelicots pour la petite fille si triste
Les trois pensées pour mon ami
Les trois soucis pour moi.

(Robert Desnos)

La fourmi

Une fourmi de dix-huit mètres
Avec un chapeau sur la tête,
Ça n'existe pas, ça n'existe pas.
Une fourmi traînant un char
Plein de pingouins et de canards,
Ça n'existe pas, ça n'existe pas.
Une fourmi parlant français,
Parlant latin et javanais,
Ça n'existe pas, ça n'existe pas.
Eh! Pourquoi pas?

(Robert Desnos)

UNITÉ 6
UN DIMANCHE À JUMIÈGES

A / ON PART À QUELLE HEURE?

Mme Stévenin, la mère de Fabienne, est divorcée. Elle a une maison de campagne aux environs de Rouen, à Jumièges. Le samedi et le dimanche, elle a toujours sa fille parce que Fabienne habite en semaine chez son père. Quelquefois, Fabienne invite son amie Valérie.

Vendredi, 18 heures, chez Valérie . . .

VALÉRIE: Allô?

FABIENNE: Allô, Valérie? C'est Fabienne! Samedi, on va à Jumièges. Tu viens aussi?

VALÉRIE: Ah! Vous allez à Jumièges? Vous partez quand?

FABIENNE: Euh . . . à midi, midi dix . . . et on rentre dimanche soir. D'accord?

VALÉRIE: Bien sûr! Ah non, ça ne va pas! Dimanche, je vais au cinéma avec Patrick et David . . .

FABIENNE: Au ciné? Dimanche?! Non, écoute, trouve une solution!

VALÉRIE: Je ne sais pas, moi . . .

FABIENNE: Hum . . . j'ai une idée! On invite Patrick et David dimanche et on fait une balade à vélo dans la forêt de Brotonne.

VALÉRIE: Ça, c'est une idée! Mais, ils viennent comment? À vélo?

FABIENNE: Mais non! Ils vont en bus jusqu'à la gare et là, ils ont un car pour Jumièges. À la maison, on a quatre ou cinq vélos.

VALÉRIE: Super!

Valérie téléphone à Patrick. Il est vite d'accord parce que le vélo, il aime ça. Et puis, il n'aime pas trop rester en ville le dimanche, ce n'est pas drôle. Il téléphone à son ami. Mais bien sûr, David discute: Non, lui, il ne va pas à Jumièges . . . l'abbaye de Jumièges, non merci! Les cathédrales, les églises, tout ça, c'est pour les touristes.

PATRICK: Mais on ne va pas à Jumièges pour l'abbaye! On va chez Fabienne. Sa mère a une maison de campagne là-bas. Elles partent samedi avec Valérie.

DAVID: Non, écoute, Fabienne, sa maison de campagne, son cheval, c'est bien, c'est très bien . . . mais c'est trop bien. Je ne pars pas.

Patrick discute encore dix minutes avec David . . . Fabienne, elle est sympa . . . on peut faire une balade à vélo, un pique-nique dans la forêt . . . Et puis, David aime la photo, eh bien là, il peut faire des photos . . .

PATRICK: Alors, c'est oui ou c'est non?

DAVID: Euh . . . c'est oui. Et il y a des cars à quelle heure?

PATRICK: Attends, je regarde . . . Ah, voilà! Il y a un car à huit heures cinq.

DAVID: Ouh . . . c'est trop tôt!

PATRICK: Il y a encore un car à dix heures moins vingt.

DAVID: C'est trop tard!

PATRICK: Très drôle. Bon, écoute, on part à huit heures cinq?

DAVID: Bouh . . . Oui!

PATRICK: Bon. On arrive à Jumièges à neuf heures trente. D'accord?

DAVID: D'accord. À demain!

Vendredi, 18 h 30, chez Valérie . . .

VALÉRIE: Alors, c'est d'accord? Vous venez?

PATRICK: On vient!

À la buvette des Ruines

MME ROCHET: J'ai faim!
M. ROCHET: Moi aussi!
OLIVIER, leur fils: Regardez, il y a un restaurant près de l'abbaye . . .
M. ROCHET: Où?
OLIVIER: Là, à côté de la poste . . .
M. ROCHET: Oui, mais on n'a pas le temps . . . Le car part dans vingt minutes!
MME ROCHET: Il y a une buvette à côté du restaurant et ils font des crêpes!
OLIVIER: Des hamburgers aussi?
MME ROCHET: Bonjour, vous faites des crêpes?
M. JEAN: Oui, des crêpes au fromage, à la confiture, au sucre.
M. ROCHET: Qu'est-ce que tu prends, Olivier?
OLIVIER: Un hamburger!
M. JEAN: Ah, on n'a pas ça! Ici, c'est le sandwich ou bien la crêpe. Vous prenez une crêpe au fromage?
MME ROCHET: Euh non, moi je voudrais une crêpe au sucre et un cidre. Et toi, Michel?
M. ROCHET: Moi aussi. Alors, tu prends quelque chose, Olivier?
OLIVIER: Un coca.
M. ROCHET: Bon. Ça fait combien?
M. JEAN: 49 francs, Monsieur.
M. ROCHET: 49 francs pour deux crêpes, deux cidres et un coca! Ce n'est pas la ruine . . .

Ils prennent leur temps, nous, on prend le car!

CATHERINE: Il est quelle heure?
GEORGES: Il est deux heures moins le quart . . .
CATHERINE: Oh là là, on est encore là demain . . . Écoute, Jumièges est à deux kilomètres. On va à pied jusqu'à Jumièges et là, on prend le car.
GEORGES: Oui, mais deux billets, ça fait 40 ou 50 francs.
CATHERINE: Je sais, mais je voudrais bien arriver à Honfleur . . .

CATHERINE: Deux billets pour Honfleur, s'il vous plaît!
LE CHAUFFEUR: Deux aller-retour?
CATHERINE: Non, deux aller. Ça fait combien?
LE CHAUFFEUR: 48 francs.
CATHERINE: Pardon, Monsieur, on arrive à quelle heure?
LE CHAUFFEUR: À deux heures et demie, Mademoiselle.
CATHERINE: Merci!

CATHERINE: On est bien, hein?
GEORGES: Et comment!

C / À JUMIÈGES

À Jumièges, Fabienne et Valérie sont toujours heureuses. Quelquefois, elles vont jusqu'à la Seine à cheval ou elles font un tour à la buvette du père Jean. Fabienne aime bien le père Jean parce qu'il raconte des histoires sur la région. Elles ne sont pas toujours vraies, mais elles sont toujours intéressantes et Fabienne qui espère être, un jour, journaliste comme sa mère, note tout ça le soir dans un cahier. À la maison, elles jouent aux cartes avec Mme Stévenin et dans leur chambre, elles discutent tard dans la nuit!

Dimanche, Patrick et David arrivent. Ils prennent encore un petit déjeuner, et après, les quatre amis partent. Ils traversent la Seine en bac et vont dans la forêt de Brotonne. Tout est fantastique: les arbres et les fleurs sont fantastiques, et le pique-nique aussi!

Après le pique-nique, ils jouent au volley; puis ils font encore un tour à vélo. Au retour, ils vont à l'abbaye. David qui a des problèmes avec son vélo et qui n'aime pas les ruines, n'est pas d'accord.
«Mais enfin, Fabienne, dit David, pourquoi est-ce qu'on va là-bas?
– Parce que l'abbaye est très jolie, moi, j'aime bien . . . et puis, pourquoi est-ce que tu es toujours contre tout?
– Je ne suis pas contre tout, je suis contre les ruines.»
Mais à l'abbaye, il prend des photos. Valérie et Fabienne trouvent ça drôle.
«Pourquoi est-ce que tu prends des photos? disent Valérie et Fabienne. Tu n'aimes pas les ruines!
– Les ruines, c'est bien en photo!
– Ah bon? dit Valérie. Alors, tu n'aimes pas les ruines, mais les ruines qui sont sur tes photos sont intéressantes!
– Oui.»
Hum . . . Quelquefois, les idées de David sont drôles.

Patrick est heureux. Il n'aime pas l'histoire à l'école, mais l'histoire, à Jumièges, est intéressante.

Chez Fabienne, ils aident Madame Stévenin qui fait la cuisine. Ils mettent le couvert et rangent la maison. Mais voilà, il est tard et maintenant, il faut rentrer à Rouen . . .

1. Tu viens à Jumièges?

▸▸ *Racontez.*

1. 18 heures → Il est 18 heures.
2. téléphoner à
3. inviter
4. mais aller au cinéma
5. avoir une idée
6. inviter/faire une balade à vélo
7. pouvoir venir en car
8. être d'accord et téléphoner à

2. Ils partent à quelle heure?

▸◂ *Posez des questions sur le texte et répondez.*

qui? pourquoi? est-ce que? comment?
où? quand? qu'est-ce que?

3. Qu'est-ce que tu fais, samedi?

▸◂ *Faites des dialogues.*

– On va au cinéma, samedi?
+ Non, ça ne va pas. Je suis chez Mohammed.
– Mais Mohammed peut venir aussi.
+ Bon, alors je viens.

au cinéma, samedi	ça ne va pas	je suis chez Mohammed	mais Mohammed peut venir aussi
↓	↓	↓	↓
– en ville, dimanche? – chez Valérie à 7 heures? – à la/à l'/au/aux ___ ? ___ ?	– je ne peux pas – c'est intéressant, mais ___ ___	– c'est trop tôt/tard – je vais au/à la/à l'___ avec ___ – j'ai encore des devoirs ___	– mais ___ viennent aussi – mais là, on peut/tu peux ___ – mais le/la ___ , c'est très bien/drôle

4. Concert de rock à Yainville

LE NOUVEAU THÉÂTRE DE NORMANDIE
EN TOURNÉE AVEC
«MARDI – ROBINSON» (M. TOURNIER)
THÉÂTRE MAXIM GORKI
PETIT-QUEVILLY, VENDREDI 19H30

Grand concert de rock
YAINVILLE
Samedi 21h

Volley-ball
Canteleu – Rouen
dimanche 15h
Gymnase de Canteleu

ROUEN	14.05	14.15	17.45	18.00	18.15
CANTELEU	14.37	14.47	18.17	18.32	18.47
YAINVILLE			18.52	19.07	19.17
ROUEN HÔTEL DE VILLE			17.47	18.02	18.17
PETIT-QUEVILLY			18.03	18.20	18.35

▸◂ a) *Regardez les affiches et les horaires. Posez des questions et répondez.*

Qu'est-ce que?/Quand?/Où?/Il y a des cars pour ___ , à quelle heure?

▸◂ b) *Écoutez et faites des dialogues.*

5. Valérie téléphone à Patrick

▸ ◂ *Regardez le texte p. 56 (lignes 47-52) et faites le dialogue entre Valérie et Patrick.*

6. Alors, à demain

▸ ◂ *Faites un dialogue.*

Du telefonierst mit einem/r Freund/in und fragst, was er/sie morgen vorhabe. → Er/Sie weiß es noch nicht.

Du sagst, wo du hingehst, und fragst, ob er/sie mitgehe.

→ Er/Sie lehnt ab und begründet es.

→ Du versuchst, ihn/sie umzustimmen.

→ Er/Sie lehnt weiter ab, aber schlägt etwas anderes vor.

→ Du bist nicht einverstanden.

→ Du bist damit einverstanden. Ihr verabredet euch.

→ Er/Sie ist einverstanden und will wissen, um wieviel Uhr die Veranstaltung stattfindet.

→ Du antwortest und machst einen Treffpunkt aus.

→ Er/Sie will wissen, wie du hinkommst.

→ Du antwortest.

→ Ihr verabschiedet euch.

B

1. À la buvette

Qu'est-ce que tu dis en français?

– Du sagst, daß du hungrig bist.
– Du sagst, daß du keine Zeit hast.
– Du fragst, was jemand möchte.
– Du sagst, was du möchtest.
– Du erkundigst dich nach dem Preis.

2. Moi, je prends le car

Écoutez encore une fois le texte et corrigez.

CATHERINE: Il est quelle heure?
GEORGES: Deux heures et quart.
CATHERINE: Oh là là, on est encore là demain. Écoute, il y a une ville près d'ici. On va d'abord à pied, et là, on prend le bus.
GEORGES: Oui, mais deux billets, ça fait 50 ou 60 francs.
CATHERINE: Je sais, mais je voudrais bien arriver un jour à Jumièges.

3. Restaurant de l'Hôtel de Ville

✲ *Trouvez des noms de restaurants, de buvettes ou de cafés.*

4. Un sandwich au fromage

▸◂ a) *Qu'est-ce que tu prends?* crêpe/jambon, sandwich/fromage, crêpe/confiture, sandwich/jambon, coca, jus/fruit, eau/minérale, crêpe/sucre

⁘ b) Valérie et ses amis sont chez Ludovic. *Faites les dialogues.*

5. On va à Jumièges samedi

a) Il est quelle heure? Qu'est-ce qu'elle fait, Valérie? Où est-ce qu'elle est? *Racontez.*

b) Et toi, à quelle heure est-ce que tu vas à l'école, le samedi/le lundi/le mercredi . . .? Et à quelle heure est-ce que tu rentres?

▸◂ *Posez des questions ou répondez.*

6. En métro

Comment est-ce que tu vas à l'école? Écoutez.

le métro — le tram

▸◂ *Posez des questions ou répondez.*

aller	à en	prendre	le la	c'est à	___ minutes ___ km	de ___

7. C'est près d'ici

▸◂ *Posez des questions ou répondez. Utilisez:* devant/derrière/près de/à droite de/à gauche de/à côté de.

C

1. Pourquoi?

Répondez et posez d'autres questions.

Pourquoi est-ce que Fabienne aime aller à la buvette du père Jean?
David n'aime pas aller à l'abbaye. Pourquoi?
Pourquoi est-ce que Patrick aime venir à Jumièges?

où? — quand? — comment? — qui? — qu'est-ce que?

2. Je joue au volley

▸▸ a) *Qu'est-ce qu'ils font?*

les échecs/Ludovic

la pétanque/Jacques

le baby-foot/Patrick

le rugby/Mohammed

▸◂ b) *Faites une interview avec un/une camarade de classe.* aimer/aimer jouer à/préférer

3. Devinettes

a) *Regardez la carte de la Normandie et faites des devinettes.*

C'est	une ville un lac une forêt ___	qui est	près de/d'___ . à ___ km de ___ . ___ .

b) *Décrivez Valérie.*
Valérie est une fille qui ___ , qui ___ .
Et maintenant faites des devinettes sur vos camarades de classe.

4. Des billets pour le bac

Fabienne et ses amis vont chez le père Jean; là, ils achètent des billets pour le bac.

Fabienne will wissen, wann die Fähre abfährt, und möchte 4 Hin- und Rückfahrkarten kaufen. Sie erkundigt sich nach dem Preis.
Père Jean gibt an, daß die Fähre um 2.25 Uhr abfährt und daß die 4 Karten 40 F kosten.
David hat Durst und kauft bei père Jean noch eine Limonade zu 6 F.

Faites le dialogue.

5. Un dimanche à Rouen

Valérie, Fabienne, Patrick et David restent à Rouen. Qu'est-ce qu'ils font? Où est-ce qu'ils vont? Est-ce qu'ils font quelque chose ensemble?
Racontez.

D

JEUX ET ACTIVITÉS

1. Slogans

Faites une publicité, p. ex. pour un sport comme le judo ou le volley.

2. Des histoires intéressantes?

Choisissez la famille ou les deux jeunes de l'unité 6B et racontez leur histoire. Qu'est-ce qu'ils font à Jumièges ou à Honfleur? Où est-ce qu'ils vont après?

REPÈRES

1 QU'EST-CE QU'ON DIT?

Ein Telefongespräch beginnt der Angerufene mit	– Allô?
der Anrufer mit	+ Allô, (c'est) ___ ?/(Ici,) C'est ___ .
Du lädst deine/n Freund/in zu einem Ausflug ein	On va à ___ . Tu viens?
Du lehnst eine Einladung ab und gibst dafür Gründe an	(Non,) Ça ne va pas./Je ne peux pas. Je n'aime pas le/la/les ___ ./(Parce que) Il est trop tôt/tard./Je vais au/à la/à l'___ avec ___ .
Du nimmst die Einladung an	D'accord. Elle est super/chouette, ton idée. Oui, le/la ___ , j'aime ça.
und willst wissen, wann es losgeht	On part quand/à quelle heure? Quand est-ce qu'on part?
Du möchtest wissen, wieviel Uhr es (jetzt) ist	Il est quelle heure (maintenant)?
und wie man zu dem verabredeten Ort gelangt	On va là-bas comment? Comment est-ce qu'on va à ___/là-bas?
Du gibst an, mit welchem Verkehrsmittel du kommst	(Alors,) Je viens en car/en train/en voiture/à vélo. Je prends le train/le car/le vélo.
und verabschiedest dich	Alors, à dimanche!
Du bist hungrig/durstig	J'ai faim/soif.
Du bietest jemandem etwas an	Tu prends/Vous prenez quelque chose? Qu'est-ce que tu prends/vous prenez?
Du verlangst etwas zu trinken/essen	Je voudrais un/une ___ . Un/Une ___ , s'il vous plaît.
Du kaufst eine Fahrkarte	Un aller-retour pour/Un billet pour ___ , s'il vous plaît.
und erkundigst dich nach dem Preis	Ça fait combien?

2 GRAMMAIRE

1. L'article défini contracté

le restaurant **près**	**de la** poste **de l'**église **de l'**hôtel **du** lac **des** Nouvelles Galeries
une photo	**de** Nicole **de la** poste **de l'**église **de l'**hôtel **du** lac **des** Nouvelles Galeries

2. L'accord de l'adjectif

♀	♂	♀	♂
[œrøz]	[œrø]	Fabienne est heureu**se**	Patrick est heureu**x**
[œrøz]	[œrø]	Fabienne et Valérie sont heureu**ses**	Patrick et David sont heureu**x**

Wie unterscheidest du weiblich und männlich, Singular und Plural,
– wenn du sprichst,
– wenn du schreibst?

3. Nouvelles conjugaisons

venir – prendre – partir – dire

4. La proposition relative avec qui   Der Relativsatz mit qui

1. On va au restaurant.	Le restaurant est près de l'abbaye.
On va au restaurant	**qui** est près de l'abbaye.
2. La buvette des Ruines fait des crêpes.	Elle est à côté du restaurant.
La buvette	**qui** est à côté du restaurant fait des crêpes.
3. Le père Jean raconte des histoires.	Les histoires ne sont pas toujours vraies.
Le père Jean raconte des histoires	**qui** ne sont pas toujours vraies.

Welche Nomen (Nominalgruppe) ersetzt das Relativpronomen qui?
Gib das jeweilige Verb des Relativsatzes und das dazugehörige Subjekt an.

5. L'interrogation

Quand est-ce que	tu pars?		Je pars **mardi.**
Comment est-ce que	tu viens?		Je viens **en bus.**
À quelle heure est-ce que	tu pars?		Je pars **à 3 heures et demie.**
	Tu pars	**quand?**	
	Tu viens	**comment?**	
	Tu pars	**à quelle heure?**	
	Il est	**quelle heure?**	Il est **trois heures.**

3 VOCABULAIRE

inviter
venir
partir
rentrer
prendre (le bus)
rester (en ville)
jouer au volley/ au foot/aux cartes
avoir faim/soif
avoir le temps
prendre (une crêpe)
aller à pied/à vélo/en car/en voiture/en train

le train
le vélo
le bus
le car
la voiture
le billet (aller-retour)

la forêt
les arbres
les fleurs
les ruines

la crèpe (au fromage/ à la confiture)
le sandwich
le fromage
la confiture
le sucre
le hamburger
le coca
le cidre
la limonade
le jus de fruits

---

une heure
la minute
une heure cinq/
dix/____
et quart
et demie
moins vingt/
dix/____
moins le quart ____

minuit (et demi)

midi

UNITÉ 7
AU COLLÈGE

A / L'EMPLOI DU TEMPS DE LA CINQUIÈME 2

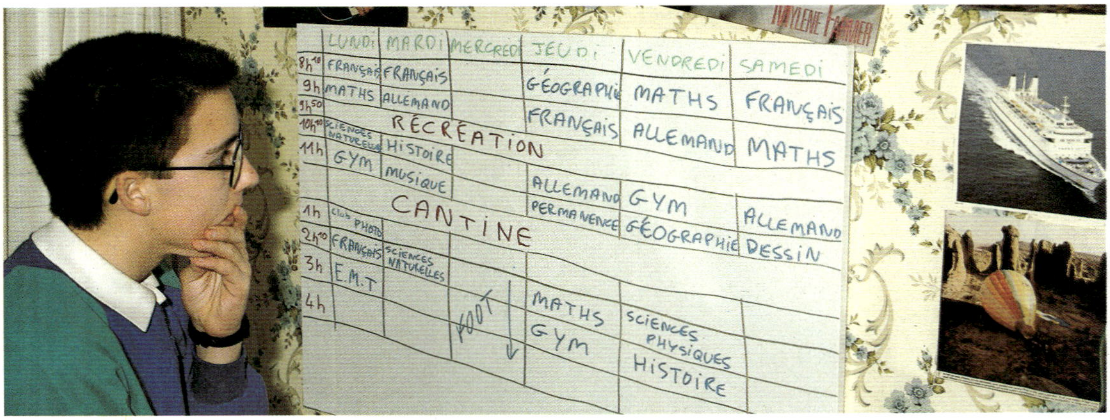

Lundi, 7 heures et quart. David regarde son emploi du temps. Il a cours de 8 heures 10 à 16 heures. C'est beaucoup, mais il l'aime bien, le lundi, parce qu'il a gymnastique et E.M.T. Il a aussi deux heures de français: le matin, de 8 à 9 et l'après-midi de 2 à 3.

> Hum . . . mon cahier de français, où est-ce qu'il est? Ah! Le voilà! Est-ce que Martin ne rend pas les rédactions, aujourd'hui? Mais si! Il les rend de 8 à 9 . . .

En français, ça ne va trop mal. David aime bien écrire, il a des idées et ses idées sont bonnes mais son problème, c'est l'orthographe . . .

> Les dictées de Martin sont trop difficiles. Il y a toujours des mots avec deux l ou deux p! Enfin, c'est comme ça . . . En orthographe, la championne de la classe, c'est Valérie, mais Véronique, elle est moyenne et Mohammed et Jacques ont aussi des problèmes. Bof, il y a des gens qui ne sont pas très bons en orthographe à 12 ans et qui sont des auteurs à succès à 20 ou 30 ans!

On l'aime bien, Monsieur Martin, mais pour ses cours il faut faire trois ou quatre devoirs par semaine. Et David ne les fait pas toujours. Il habite à Canteleu et il arrive à la maison assez tard, à 5 ou 6 heures. Fabienne, elle, fait toujours ses devoirs. Mais son père l'aide. Les parents de David, eux, ne peuvent pas.

> Bon. De 9 à 10, on a maths. Les maths, c'est simple. C'est juste ou bien c'est faux. Il n'y a pas 36 solutions, et la solution, je la trouve vite.

Après la récréation, sciences naturelles. Là, ça peut aller, David est moyen.
Et l'après-midi? Après le club photo de 1 à 2, il a encore un cours de français et E.M.T.

Huit heures vingt. David est en retard. Ce n'est pas sa faute, bien sûr, c'est à cause du bus . . . hum! Monsieur Martin rend les rédactions. Elles ne sont pas très bonnes parce que les élèves ne lisent pas bien les sujets. Alors, ils ne les comprennent pas . . .

M. MARTIN: Ah, te voilà, toi! Bon, recommençons. On t'écoute, Valérie, lis . . .
VALÉRIE: «Une promenade à la campagne».
M. MARTIN: C'est simple, un sujet comme ça, non? Une promenade à pied, à vélo, en voiture mais à la campagne!

LUDOVIC: Pourquoi est-ce que vous me regardez comme ça, Monsieur?
M. MARTIN: Parce que dans ta rédaction, tu es toujours au restaurant!
LUDOVIC: Mais, Monsieur, c'est un restaurant de campagne!

Qu'est-ce qu'il veut, Monsieur Martin? Des histoires de fleurs, d'arbres et de forêts? Pourquoi est-ce qu'on ne peut pas aller au restaurant, à la campagne? Valérie n'est pas d'accord avec Monsieur Martin.

M. MARTIN: Mais enfin, Valérie, qu'est-ce que ça veut dire, une promenade?
VALÉRIE: Une balade!
M. MARTIN: Oui, alors prenons ton devoir. Tu fais une balade avec tes amis dans la forêt de Brotonne . . . tu as des idées et tu écris bien. Mais voilà: tu ne parles pas de la forêt. Tu fais un pique-nique et là, tu discutes des problèmes de l'école avec tes copains . . .
VALÉRIE: Mais, Monsieur, à la campagne on peut parler et discuter de tout et faire des choses qui nous intéressent, vous comprenez?
M. MARTIN: Oui, mais ce n'est pas le sujet! David, regardons un peu ton devoir . . .

Les idées de David sont intéressantes mais son orthographe aussi . . .

M. MARTIN: C'est dommage, David. Au fait, comment est-ce qu'on écrit «dommage»? Avec un m ou deux m?
DAVID: Euh . . . attendez . . . eh bien, ça dépend, Monsieur . . .
M. MARTIN: Comment ça, ça dépend?! Épelle, s'il te plaît!
DAVID: d-o-m-a-g-e . . .
M. MARTIN: Non, David, on écrit «dommage» avec deux m! Toujours! Au fait «toujours» prend un s.
DAVID: Oui, Monsieur, «toujours» prend toujours un s, je sais! Ce ne sont pas des fautes, Monsieur, c'est parce que . . .
M. MARTIN: Tu écris trop vite. Vous écrivez trop vite. Pour une rédaction, il faut prendre son temps!
DAVID: Pour les maths, la géo et l'histoire aussi. Mais alors, quand est-ce qu'on peut faire une promenade à la campagne, Monsieur?

C / À LA CANTINE

Valérie et ses amis déjeunent à la cantine parce qu'ils habitent trop loin ou parce que leurs parents travaillent et ne rentrent pas à midi.
Aujourd'hui il y a des tomates, une petite aile de poulet et des frites.
Mais voilà: comme toujours, le poulet est en caoutchouc et les frites sont mauvaises . . .

À table, il y a un bruit terrible! On n'entend pas les copains et les copains ne vous entendent pas . . .

DAVID et VALÉRIE: Ludovic, tu veux nos frites? Ludovic? Eh! Tu écoutes?
LUDOVIC: Comment? Qu'est-ce que vous dites? Je n'entends rien!

DAVID et VALÉRIE: Nos frites! EST-CE QUE TU VEUX NOS FRITES?
LUDOVIC: Non merci!
DAVID: Tu n'as plus faim?
LUDOVIC: Si!
LE SURVEILLANT: Eh bien, les enfants, qu'est-ce que vous attendez? Vous ne mangez rien, aujourd'hui? Une bonne aile de poulet comme ça, vous êtes trop difficiles, voilà!

Mohammed ne dit rien. Il est triste.

VALÉRIE: Qu'est-ce que tu as, Mohammed? Ça ne va pas? C'est à cause de ta note en rédaction?
MOHAMMED: Oui, j'ai toujours des mauvaises notes en français et aussi en allemand . . .
DAVID: Et alors? Ça ne fait rien! Tu sais, moi, j'ai 8 à cause de l'orthographe et ce n'est pas juste parce qu'elle est super, ma rédaction!

Valérie comprend. Pour Mohammed, c'est un grand problème: il n'a pas la moyenne dans deux matières. C'est beaucoup. Mais elle a une idée: elle est bonne en français mais nulle en maths. Mohammed, lui, est bon en maths. David n'est pas mauvais en allemand . . . Alors, il y a peut-être une solution?

1. Le lundi, c'est bien

Dites pourquoi.

1. David aime le lundi.
2. En français, il aime bien écrire.
3. Valérie aussi aime le français.
4. Il y a un problème avec M. Martin.
5. Fabienne fait toujours ses devoirs.
6. David aime bien les maths.

2. Elle est bonne en gym

Écoutez. Est-ce que Jérôme parle d'une fille ou d'un garçon?

3. Enfin!

Ludovic cherche la confiture. Il la trouve: «Enfin, la voilà!» Jérôme cherche . . .
▸ ▸ *Continuez.*

4. David Lafont cherche son cahier

▸ ◂ *Regardez encore une fois le texte. Posez des questions ou répondez.*

Est-ce que David fait toujours ses devoirs? — Non, il ne les fait pas toujours.

Est-ce que	David Monsieur Martin les parents de David	regarde ___ ? cherche ___ ? aime ___ ? trouve vite ___ ?	rend ___ ? partage ___ ? fait toujours ___ ? aident ___ ?

5. On les écoute

Donnez des définitions ou devinez.

Par exemple: On le fait dans la forêt. → le pique-nique
On l'achète dans une librairie. → ?

6. Les jeudis de David

a) *Racontez la journée de David, le jeudi.* Vous pouvez utiliser son emploi du temps, p. 66.

b) Le mercredi, David n'a pas cours. Qu'est-ce qu'il fait? *Racontez.*

prendre son chocolat – foot – ciné – club-photo – copains – aller au lit

7. Le français, je l'aime bien . . .

Est-ce que vous aimez le lundi, le mardi, ___ , les maths, le français, ___ ? Pourquoi? Est-ce que vous êtes bons/bonnes en maths, en allemand, ___ ?

Moi, je n'aime pas le lundi parce que ___ .

Le mardi, on a 2 heures de ___ . C'est chouette.

Je suis bon/ne en ___ .

✲ *Racontez.*

B

1. Les rédactions de la 5ème 2

a) *Faites une liste des arguments de M. Martin.*

Les rédactions ne sont pas très bonnes parce que les élèves ___ .
Par exemple, Ludovic ___ .
Et Valérie, elle ___ .
David, lui ___ .

b) Maintenant les élèves parlent. *Donnez leurs arguments.*

À la campagne, on peut ___ .
À la campagne, on fait les choses qui ___ .
Il faut aussi ___ .

2. On parle de tout!

Voilà un autre sujet de M. Martin: Une promenade à Rouen.

✲ *Faites des propositions.*

On peut parler du musée Jeanne d'Arc.

Et de la Seine.

Et aussi de ___ .

3. C'est à cause de . . .

▸▸ a) *Faites des phrases.*

Aujourd'hui, Sophie est en retard parce que le bus n'arrive pas.
Aujourd'hui, Sophie est en retard à cause du bus qui n'arrive pas.

Valérie ne peut pas aller au cinéma parce que ___ .	(avoir/devoirs de français)
David fait des fautes parce que ___ .	(orthographe/être/trop/difficile)
Sophie a des problèmes parce que ___ .	(ses parents/ne/pas/aimer/sa musique)
Aujourd'hui, elle ne travaille pas parce que ___ .	(copains/être/là)

✲ b) *Trouvez des excuses.*

– tu es en retard
– tu n'es pas bon/ne en maths
– ta chambre est en désordre
– tu fais des fautes en allemand
– tu ne fais pas tes devoirs
– tu n'aimes pas aller au cinéma

4. Est-ce que tu peux épeler . . . ?

Regardez encore une fois la liste des mots, p. 141. Cherchez des mots «difficiles». Demandez à vos camarades de les épeler.

5. «On ne vous comprend pas»

Complétez par me/m', nous *et* vous. *De qui est-ce qu'ils parlent?*

6. Faisons un journal!

Les élèves de la 5ème 2 distribuent un tract. *Complétez par les verbes* chercher, discuter, écrire, faire, parler *et* prendre.

Faisons un journal – ***LE JOURNAL SANS TRAC***

______ deux heures par semaine!
______ un plan!
______ des choses qui nous intéressent!
______ de nos problèmes et
______ des solutions!
______ des textes sur des sujets qui nous intéressent!

SUPER ET SYMPA, *le journal sans trac de la 5ème 2!*

7. On parle des cours

Vous parlez des cours avec votre correspondant/e. ▸◂ *Faites le dialogue.*

Du hast ___ Stunden Französisch. → Er/Sie hat 3 Stunden Deutsch.

↙

Du fragst, ob er/sie sich dafür interessiere. → Er/Sie spricht und liest gern, aber schreibt nicht gern.

↙

Du möchtest wissen, warum. → Wegen der Rechtschreibung, die zu schwierig sei.

↙

Du findest die Rechtschreibung im Französischen auch schwierig und gibst Beispiele. → Er/Sie möchte wissen, ob du gut in Französisch bist.

↙

Du bist sehr gut/gut/mittelmäßig und gibst eine Note an. → Er/Sie versteht dich nicht: eine ___ sei doch sehr schlecht.

↙

Du antwortest, eine 1/2/3 bedeute „sehr gut"/„gut"/„befriedigend" (auf deutsch). → Er/Sie möchte wissen, was das heißt.

↙

Du übersetzt und erklärst das deutsche Notensystem. → Er/Sie erklärt nun, daß man in Frankreich Noten von 0 bis 20 habe, wobei 0 sehr schlecht und 20 sehr gut sei.

1. À la cantine

Répondez.

Pourquoi est-ce que Valérie et ses amis déjeunent à la cantine?
Qu'est-ce qu'ils mangent aujourd'hui?
Est-ce que David aime aller à la cantine? Pourquoi?
Pourquoi est-ce que Mohammed est triste?

2. Mais non!

Dites le contraire. Utilisez ne ___ pas/ne ___ plus/ne ___ rien *et* triste.

1. Mohammed est heureux à cause de sa note en français.
2. À midi, il a faim et il mange quelque chose à la cantine.
3. Le soir, il veut faire quelque chose. Il veut encore travailler.

3. David et les mots

a) *Retrouvez les mots composés et leur article.*

b) *Racontez le rêve de David. Utilisez un maximum de mots.*

4. Dans le bus

Qu'est-ce qu'ils disent? Utilisez attendre, comprendre, entendre *et* rendre.

5. Une bonne salade

Trouvez les adjectifs qui vont avec les noms.

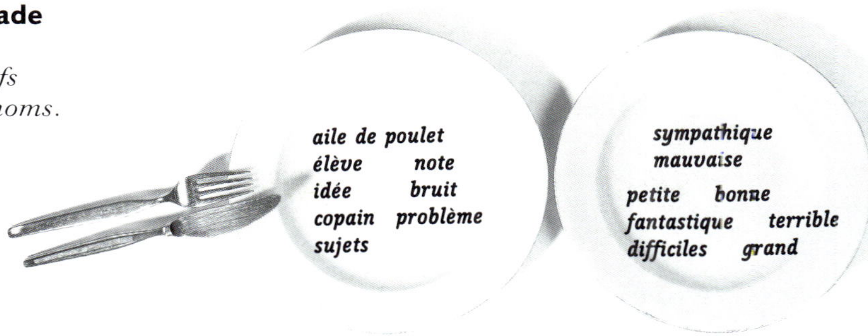

6. À Canteleu

Mettez les adjectifs entre parenthèses à leur place.

Canteleu est une ? ville ? près de Rouen. (petit/e)
À Canteleu, il y a une ? place ? , la place d'Armes, avec une ? église ? et un ? restaurant ? . (grand/e, joli/e, bon/ne)
Mais sur la place il y a un ? bruit ? à cause des voitures. (terrible) C'est dommage.
Près de Canteleu, il y a une ? forêt ? et la Seine avec le port de Rouen, et quelquefois David fait des ? photos ? du port. (grand/e, intéressant/e)
Mais David n'aime pas beaucoup Canteleu. Ses copains sont à Rouen et ça, c'est un ? problème ? pour David. (important/e)

7. Il ne faut pas être triste

▸◂ *Faites le dialogue.*

Du rufst eine/n Freund/in an und willst dich mit ihr/ihm verabreden. Sie/Er will nicht. An der Stimme merkst du, daß etwas nicht stimmt. Du fragst, was los ist. Zuerst antwortet sie/er nicht, und du fragst nach, ob sie/er dich gehört hat. Dann rückt sie/er mit der Sprache heraus. Du tröstest sie/ihn und bietest deine Hilfe an.

8. Le problème de Mohammed

a) À votre avis, comment est-ce qu'on peut aider Mohammed? *Discutez.*

b) *Faites le dialogue entre Mohammed, Valérie et David.*

D

JEUX ET ACTIVITÉS

Mes copains – Un poème de Mohammed

Ils m'aiment et me comprennent
mes copains
Valérie et Fabienne,
David et Patrick viennent.
Au revoir les problèmes
bonjour la fête!

Je les aime et je les attends
Ah! Les voilà, je les entends
Mes copains
Dring ...

Écrivez, vous aussi, un poème sur vos copains.

REPÈRES

1 QU'EST-CE QU'ON DIT?

Du sagst, daß du vormittags Unterricht hast,	J'ai cours le matin.
daß du von ___ bis ___ Unterricht hast,	J'ai cours de ___ à ___ .
daß du ___ Stunden in der Woche Französisch hast,	J'ai ___ heures de français par semaine.
daß du gut/mittelmäßig in Französisch bist,	Je suis bon/ne, moyen/ne en français.
daß dich Französisch interessiert	Le français, ça m'intéresse.
Dein/e Freund/in stimmt dir zu	Moi aussi.
Es ist zu laut, und du verstehst nichts	Je ne comprends/n'entends rien.
Dein/e Freund/in versteht auch nichts	Moi non plus.
Du willst wissen, ob jemand dich versteht/hört	Tu me comprends/m'entends?
Du möchtest wissen, was ___ bedeutet	Qu'est-ce que ça veut dire ___ ?
und wie man ___ schreibt	Comment est-ce qu'on écrit ___ ?
und ob man ___ mit einem t schreibt	Est-ce qu'on écrit ___ avec un t?/Est-ce que ___ prend un t?
Du gibst eine ausweichende Antwort	Ça dépend.
Du hast die Antwort nicht richtig verstanden und fragst noch einmal nach	Qu'est-ce que tu dis?
Du bittest deine/n Freund/in zu buchstabieren	Est-ce que tu peux épeler, s'il te plaît?
Du bietest deinem/r Freund/in etwas an	Tu veux ___ ?
Er/Sie lehnt ab, und du findest ihn/sie zu anspruchsvoll	Tu es trop difficile.
Dein/e Freund/in scheint traurig zu sein Du fragst nach	Qu'est-ce que tu as?
Du versuchst, ihn/sie zu trösten	Ça ne fait rien. Ce n'est pas une catastrophe.
Du kommst zu spät und entschuldigst dich	Ce n'est pas ma faute. C'est à cause de ___ .
Dir fällt noch etwas ein, was du sagen möchtest	Au fait, ___ .

2 GRAMMAIRE

1. Le pronom complément d'objet direct Das direkte Objektpronomen

Jérôme cherche	**la cassette de son amie Sophie.** **son cahier de français.** ses baskets.	Il **la** / **le** / **les** cherche.	Ah! **la** / **le** / **les** voilà!
Mohammed aide	**Valérie.**	Il **l'**aide.	
invite	**David.**	**l'**invite.	
		Jérôme **me** / **nous** cherche?	Mais **me** / **nous** voilà!
		Jérôme **te** / **vous** cherche!	Ah! **te** / **vous** voilà!
		Tu **m'** attends?	Je **t'** attends devant le ciné.

Il cherche son stylo, mais il **ne** <u>**le**</u> trouve **pas**./Tu **ne** <u>**me**</u> comprends **pas**!

Wo steht das Objektpronomen im verneinten Satz? Vergleiche die Stellung der Objektpronomen im Deutschen und im Französischen.

2. L'accord de l'adjectif

♀ — ♂	♀	♂
[nyl] [bɔn] [bɔ̃]	la photo est nulle bonne	le film est nul bon
[nyl] [bɔn] [bɔ̃]	les photos sont nulles bonnes	les films sont nuls bons

3. La place de l'adjectif épithète

Die Stellung des attributiven Adjektivs

une **bonne** crêpe — une dictée **difficile**
un **petit** garçon — un bruit **terrible**

4. Nouvelles conjugaisons

épeler – rendre – vouloir – lire – écrire

5. L'impératif

All**ons** au cinéma!
Achet**ons** un cadeau pour Valérie!

Wie bildest du den Imperativ 1. Person Plural?

6. Le complément d'objet indirect avec de

Das indirekte Objekt mit de

Valérie parle.
Elle parle **du** pique-nique.
d'une buvette à Jumièges.
de David.
Elle discute **des** problèmes de Mohammed.

7. La préposition à cause de

Elle est triste **parce qu'**elle a une mauvaise note en orthographe.
à cause de sa mauvaise note en orthographe.

8. La négation

Tu prends **quelque chose**? — Non merci, je **ne** prends **rien**.
Qu'est-ce que tu prends? — Je **ne** prends **rien**.
Tu as **encore** / **toujours** faim? — Non, je **n'**ai **plus** faim.

J'aime le foot. — Moi aussi.
Mais je **n'**aime **pas** le tennis. — Moi **non plus**.

Gib die Stellung von **ne ___ rien** *und* **ne ___ plus** *im Satz an.*

B VOCABULAIRE

l'emploi du temps
le cours
la matière

le français
l'allemand
l'anglais
les maths

les sciences naturelles
les sciences physiques
la géographie
l'histoire

le dessin
la musique
E.M.T.
la gymnastique
la récréation
la permanence

la rédaction
la dictée
l'orthographe
le mot

le devoir
le sujet
la faute

UNITÉ 8
ACTIVITÉS

A / LE YOGA, ÇA DÉTEND!

Vous avez des problèmes? L'école et ses horaires, la ville et son bruit . . . et puis, tout va trop vite? Eh bien, venez! Ici, on fait du yoga, ça détend!

On n'aime pas toujours votre musique? Alors, venez ici et faites de la musique! À la M.J.C., on joue de la guitare, du saxophone et des percussions: avec les copains, c'est fantastique!

L'anglais et l'allemand au collège, c'est intéressant, oui, mais vous, vous voulez faire de l'arabe! Eh bien, venez vite! Nous avons deux cours d'arabe. Et ici, on travaille pour le plaisir!

Ils dansent, ils sont heureux et vous, vous êtes toujours seul . . . Faites de la danse avec notre groupe! Ensemble, on est bien et ça va tout seul!

Vous aimez la photo. Vous voulez faire une exposition sur votre ville?

Alors, venez ici et faites de la photo avec notre groupe «Rouen-expo»!

Vous êtes bon en dessin et vous aimez les histoires drôles . . . Eh bien, venez avec vos idées et vos couleurs à l'atelier de B.D.

Le bricolage vous intéresse et vous avez des idées en tête? Alors, venez à l'atelier de bricolage.

OÙ?
À la M.J.C.,
1, Place du Général de Gaulle.

QUAND?
Du lundi au samedi
de 14 à 19h.

Ludovic regarde le dépliant de la M.J.C. Le yoga, la musique, la danse, ça ne l'intéresse pas beaucoup. L'arabe, si, à cause de son copain Mohammed. Mais l'atelier de B.D., ça aussi, c'est intéressant. Ludovic est très bon en dessin. La 5ème 2 a bien un cours de dessin par semaine, mais un cours, ce n'est rien! Et puis, Ludovic veut faire quelque chose avec des amis, mais pas à l'école: il n'aime pas le sport. Les clubs, c'est après la cantine, il n'a pas le temps. Alors, bien sûr, pour les copains, Ludovic est toujours «le garçon qui ne fait rien et qui mange toujours». Il en a assez . . . Mais il ne veut pas aller seul à la M.J.C. Pourquoi pas avec Véronique et Jacques? Ils sont sympathiques. Les voilà . . . «Eh!! Jacques! Véronique!»

Mercredi à la M.J.C.:
Véronique et Ludovic vont à l'atelier de B.D. et Jacques va à l'atelier de bricolage. Nathalie, qui organise l'atelier, a beaucoup de travail. Les enfants ont des idées mais ils ont toujours des petits problèmes: ici, on veut de la colle . . . là, on cherche un couteau et là-bas, on veut du carton! Alors, Nathalie cherche toujours quelque chose dans le désordre de l'atelier!

<u>Lucien:</u> Nathalie, il faut mettre de l'eau dans les bouteilles?
<u>Nathalie:</u> Mais non, Lucien, il ne faut pas d'eau, enfin!
<u>Jacques:</u> Nathalie, ils sont où, les couteaux?
<u>Nathalie:</u> Regarde sous le carton, Jacques.
<u>Sylvie</u> et <u>Robert:</u> Nathalie, on n'a plus de colle!
<u>Nathalie:</u> Vous n'avez pas d'ordre, il y a un pot de colle, là-bas, sur la table . . .

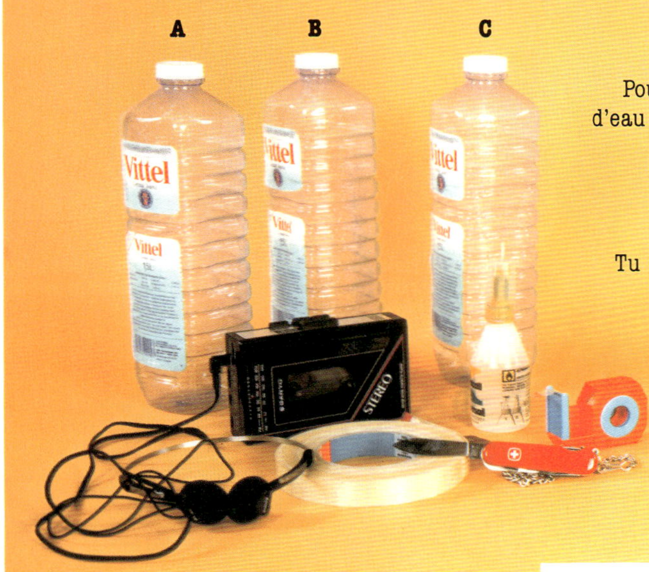

<u>Un walkman avec des haut-parleurs</u>

Pour un haut-parleur, il faut trois bouteilles d'eau minérale (en plastique!), un walkman et ses écouteurs, de la colle ou du scotch.

Tu coupes le bas de la bouteille **A**.

Tu coupes le haut et le bas de la bouteille **B**.

Tu coupes le haut de la bouteille **C**.

Tu fixes les trois bouteilles avec un morceau de scotch ou de la colle.
Tu fixes les écouteurs.
Et tu écoutes ta musique préférée . . .
C'est simple, non?

Dans l'atelier de Frédéric, il y a des pots de peinture: du vert, du jaune, du rouge, du bleu! Et dans les têtes, beaucoup d'idées en couleur!
Ludovic et Véronique travaillent ensemble. Elle écrit les textes et lui, il fait les dessins.
«Frédéric, tu lis notre B.D.? demande Véronique. À mon avis, il y a trop de textes et il n'y a pas assez de dessins!
– Mais non, dit Frédéric, c'est très bien comme ça. Mais ta souris, Ludovic, elle n'a pas de vie . . . Pourquoi? Ah, je sais, elle n'a pas de moustaches!»
Encore une heure de travail, un peu de rouge ici, des moustaches pour la souris et c'est bon. Les enfants lisent la B.D., et c'est un succès!

C / QU'EST-CE QU'IL TRANSPORTE, CE NAVIRE?

David, lui, travaille à la M.J.C., dans le groupe Rouen-expo. Dans cet atelier, on organise une exposition sur le port de Rouen avec des photos, des textes et un film-vidéo. Les gens qui visitent cette expo voient d'abord des grandes photos du port . . .

Rouen, c'est aussi un port de mer. Les navires viennent d'Afrique, d'Amérique et d'ailleurs . . .

Ces sacs de farine viennent de nos campagnes. Une péniche les transporte jusqu'à Rouen. De là, ils partent sur un navire pour l'Afrique.

Ce navire transporte du cacao, et ce navire transporte du bois, pour les usines de papier.

Le film-vidéo a beaucoup de succès. On peut voir et entendre une jeune fille de treize ans, Anne.

Elle est interne dans un collège de Rouen parce que ses parents travaillent sur une péniche. Elle les voit une ou deux fois par mois et pour les vacances. Elle passe alors quatre ou six semaines sur cette péniche. Elle aime bien ces vacances: elle aide sa mère, lit beaucoup, et le soir, dans les ports, elle retrouve des copains. Mais elle ne veut pas passer sa vie sur une péniche . . . elle aime les jardins et sur une péniche, on peut avoir des pots de fleurs mais c'est tout! Et puis, c'est trop petit, on ne peut pas ouvrir la porte et sortir comme d'une maison ou d'un appartement.

1. La M.J.C. de Rouen

Qu'est-ce qu'on peut faire à la M.J.C.? *Utilisez:* faire du/de la/de l'.

2. Ludovic regarde le dépliant

Répondez.

1. L'arabe, ça intéresse Ludovic. Pourquoi?
2. Pourquoi est-ce que l'atelier de B.D. l'intéresse?
3. Qu'est-ce qu'il n'aime pas?
4. Pourquoi est-ce qu'il ne va pas aux clubs du collège?
5. Est-ce que les copains comprennent Ludovic?
6. Avec qui est-ce qu'il veut aller à la M.J.C.? Pourquoi?

3. Je voudrais faire de l'arabe

– Je voudrais faire de l'arabe. – Moi, je préfère le turc.

▸◂ *Continuez:* danse de jazz/ballet – théâtre/dessin – photo/bricolage – volley/yoga – foot/tennis

Et vous?

4. Leurs hobbies

▸▸ *Faites des phrases avec*

jouer de 

et jouer à 

le foot le basket le volley la guitare

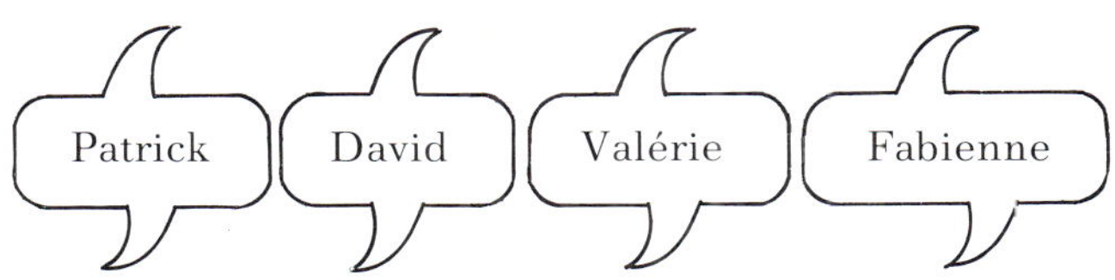

le saxophone les percussions le tennis

5. Une exposition, c'est super!

a) Tu veux faire quelque chose avec un/e ami/e. Tu regardes le dépliant de la M.J.C. et tu fais une proposition. Mais ton ami/e n'a pas le temps, n'aime pas ___ , alors tu fais une autre proposition.

▸◂ *Faites le dialogue.*

– (Alors) On peut faire ___ .
– Mais c'est fantastique/intéressant.
– Ça détend.
– On fait cela pour le plaisir.
– Tu as toujours des bonnes idées.
– Ensemble, ça va tout seul.

– Je ne suis pas très bon/ne en ___ .
– Moi, je ___ mal.
– (Mais) Ça ne m'intéresse pas.
– Tu trouves ça drôle? Moi non.
– C'est trop tard.
– (Mais) C'est trop difficile.
– Moi, je préfère ___ .

b) Voilà Jacques et Véronique.

▸▾◂ *Regardez la fin du texte, p. 76, et imaginez le dialogue entre Ludovic, Jacques et Véronique.*

1. Il n'y a pas de problème

Résumez le texte. Jacques/aller → Jacques va à l'atelier de bricolage.

1. Véronique/aller/avec
2. Nathalie/Frédéric/organiser
3. atelier de bricolage/haut-parleurs
4. enfants/vouloir
5. alors/Nathalie/chercher
6. atelier de B.D./Véronique
7. Ludovic/faire/mais/la souris de Ludovic
8. Ludovic/moustaches

2. À l'atelier de B.D.

 le rose  l'orange  le violet  le marron  le vert

Posez des questions et répondez.

– Qu'est-ce qu'il faut pour faire du gris?
– Pour faire du gris, il faut du noir et du blanc.

3. Des objets drôles

Qu'est-ce qui va ensemble? Qu'est-ce qui ne va pas ensemble?

Faites deux listes.

<u>Ça va ensemble:</u>
un verre de coca

<u>Ça ne va pas ensemble:</u>
une bouteille de fromage

un pot	scotch	confiture
une bouteille	eau	coca
un bol	fromage	peinture
un morceau	jambon	café
un verre	colle	carton
	jus de fruits	

4. Au supermarché

a) Samedi matin, M. Calvet va au supermarché. D'abord, il fait une liste.

«On n'a plus de ___ . Alors, il faut ___ .»
Continuez.

b) *Qu'est-ce qu'il prend? Utilisez:* bouteille, carton, morceau, pot.

5. Votre emploi du temps

Les 5ème ont une heure de dessin et deux heures de sport par semaine. Ludovic qui aime le dessin dit: «Nous ne faisons pas assez de dessin.» Jacques qui n'aime pas le sport dit: «On fait beaucoup trop de sport.»

Et vous? Comment est-ce que vous trouvez votre emploi du temps?

Utilisez: pas assez, assez, un peu trop, trop, beaucoup trop.

6. Dans l'atelier de Frédéric

▸◂ *Faites le dialogue.*

LUDOVIC		FRÉDÉRIC
möchte Pappe und Farben (Blau, Gelb, Schwarz und Grün) haben;	→	gibt ihm den Karton und die Farben. Allerdings ist kein Grün mehr da;
sagt, das mache nichts, denn mit Gelb und Blau könne man Grün herstellen. Aber er brauche noch ein Glas;	← →	meint, daß Ludovic ein Marmeladenglas nehmen solle;
sucht Klebstoff;	← →	meint, daß dahinten auf dem Tisch von Véronique noch ein wenig Klebstoff liege.

1. Rouen-expo

Répondez.

1. Qu'est-ce qu'on organise dans le groupe «Rouen-expo»?
2. Qu'est-ce que les navires transportent?
3. Et les péniches? Qu'est-ce qu'elles transportent? D'où est-ce qu'elles viennent?
4. Anne, qui est-ce? Elle a quel âge?

2. L'interview d'Anne

▸◂ *Écoutez, refaites l'interview et jouez les rôles.*

Est-ce que tu veux toujours habiter sur une péniche?

Pourquoi est-ce que tu es interne?

Tu passes tes vacances sur leur péniche?

Cette vie sur une péniche, tu aimes ça?

Alors, tes parents, tu ne les vois pas souvent?

3. Ouvrez tout!

Devinez.

On l'ouvre parce qu'on	a soif. veut entrer ou sortir. veut fixer quelque chose. veut lire des histoires. veut écrire une rédaction.
La souris l'ouvre parce qu'elle	veut sortir.

4. Un cadeau

– Regarde <u>ce</u> parfum.
– Tu l'achètes?
– Oui, c'est un cadeau pour Sophie.

À vous. Pour qui est-ce que vous achetez ces cadeaux?

Pour votre grand-mère; vos parents; votre petit/grand frère; ___ ▸ ◂ *Faites un dialogue.*

5. Le dé des verbes

Refaites le dé sur du carton et écrivez les pronoms personnels.

Choisissez un verbe (ouvrir, sortir ou voir), *puis lancez le dé et faites une phrase. Par exemple:*
<u>ouvrir</u> et <u>elle</u> → Elle ouvre son livre.

6. Une jolie photo

– Regarde page 85. Comment est-ce que tu trouves cette B.D.?
– L'histoire est intéressante et les dessins sont très drôles.

▸ ◂ *À vous:* «Regarde page ___ . Comment est-ce que tu trouves ___ ?»
le texte (p. ___)/le dessin (p. ___)/l'interview (p. ___)/l'exercice (p. ___)/la photo (p. ___)/l'histoire (p. ___)/la chanson (p. ___)/l'emploi du temps (p. ___)/le dépliant (p. ___)/le dialogue (p. ___)

très	sympathique	mauvais/e	difficile
trop	drôle	grand/e	petit/e
pas assez	fantastique	joli/e	bon/ne
___	intéressant/e	simple	nul/le
			___

7. Habiter sur une péniche

Où est-ce vous préférez habiter? *Répondez et dites pourquoi.*

le cirque

dans un port; une petite/grande ville;
une maison; un appartement;
un cirque; une caravane;
un hôtel; sur un navire; à la campagne
___

la caravane

Parce qu'on peut:
– faire du bruit; de la musique; des balades ___
– sortir
– aller au musée; café; cinéma
– voir beaucoup de gens; ___

Parce que j'aime:
– la mer; l'eau
– les animaux
– la campagne; les fleurs; les arbres; les promenades; ___

JEUX ET ACTIVITÉS

1. «55 pour cent des jeunes aiment le rock»

Les jeunes de 12 à 15 ans, qu'est-ce qu'ils font?
Qu'est-ce qu'ils aiment faire après l'école?

QU'EST-CE QUE VOUS ÉCOUTEZ COMME MUSIQUE?

Rock	55 %
Chansons	48 %
Classique	17 %
Folk	17 %
Jazz	10 %

QU'EST-CE QUE VOUS LISEZ? Question posée aux jeunes de plus de 12 ans

Roman policier, espionnage	33 %
Histoires de science-fiction	25 %
Bande dessinée	37 %
Roman-photo	12 %
Documents (sciences, géographie, technique, histoire, etc.)	18 %
Poésie	6 %
Roman	32 %

LE HIT-PARADE DES ACTIVITÉS «Qu'est-ce que vous faites après l'école?»

Aller au cinéma	49 %
Aller chez des copains	46 %
Écouter de la musique	44 %
Faire du sport	42 %
Regarder la télévision	24 %
Aller danser	20 %
Faire les boutiques	17 %
Lire des bandes dessinées	10 %
Jouer avec des jeux électroniques	8 %
Aller au théâtre	2 %
Rester en famille	2 %

Préparez vous aussi des questions.
Qu'est-ce que ___ ? Où? Pourquoi? Quand? Combien de fois? Avec qui?

Vous pouvez poser ces questions à des élèves d'une autre classe ou d'une autre école, ou à des élèves dans un collège français.

2. Faites aussi une B.D.

Le sujet? «La récréation», «Le professeur arrive en retard», «Astérix vient dans notre ville»

REPÈRES

1 QU'EST-CE QU'ON DIT?

Du sagst, woher du kommst	Je viens de ___ .
und was du in deiner Freizeit tust	Je fais du dessin/du sport/de la danse/de l'arabe ___ ./Je joue des percussions ___ .
Du gibst an, wie oft du etwas tust	Une fois par semaine/mois.
und warum du dies gerne tust	Ça détend./C'est pour le plaisir.
Du ermutigst deine/n Freund/in, eine bestimmte Sache zu tun	Ça va tout seul./Ce n'est pas difficile.
Du erklärst deinem/r Freund/in, was man braucht, um z.B. einen Drachen zu basteln	Il faut du bois/du papier/de la colle/des couleurs.
Du erklärst ihm/ihr die Beschaffenheit eines Gegenstandes	C'est en bois/papier/carton.
Du verlangst diese Dinge in einem Bastelgeschäft	Je voudrais du bois/un pot de colle/du papier/___ .
Dir ist beim Malen die Farbe ___ ausgegangen	Je n'ai plus de ___ .
Du hast zu viel/zu wenig Papier	J'ai trop de ___./Je n'ai pas assez de papier.
Du möchtest eine Behauptung etwas einschränken	Enfin, ___ .

2 GRAMMAIRE

1. Le déterminant démonstratif
Der Demonstrativbegleiter

♂		♀		♂		♀	
ce livre	**cet** hôtel	**cette** exposition	**cette** B.D.	[sə]	[sɛt]	[sɛt]	
ces livres	**ces** hôtels	**ces** expositions	**ces** B.D.	[se]	[sez]	[sez]	[se]

ATTENTION **ce** matin/soir — ***heute** morgen/abend*
cet après-midi — ***heute** nachmittag*

[sebaskɛt] — **ses** baskets / **ces** baskets

2. L'article partitif
Der Teilungsartikel

Qu'est-ce que c'est?
C'est **du** café/**de la** limonade/**de** l'eau.
Je voudrais **un** café avec **du** sucre.

Gib den Unterschied zwischen du café *und* un café *an.*
Übersetze, und vergleiche mit dem Deutschen.

Les quantifiants avec le partitif <u>de</u> Mengenangaben mit partitivem <u>de</u>

Pour faire des bandes dessinées
il faut
de la peinture
de l'eau
du papier

et **des** idées intéressantes.

Sur la table de Ludovic
il y a
un pot **de** colle
un verre **d'**eau
un peu **de** papier
et dans sa tête, il y a
beaucoup **d'**idées intéressantes.
Mais voilà, Ludovic n'a
pas (assez) de peinture.

Übersetze.

À la M.J.C., on peut faire **de** l'arabe, **du** dessin et **de la** musique.
Ludovic **aime** l'arabe, mais il **préfère le** dessin et il n'**aime** pas **la** musique.

ATTENTION C'**est** | **du** café? / **de la** colle? → Non, ce **n'est pas** | **du** café. / **de la** colle.

3. Nouvelles conjugaisons

ouvrir – sortir – voir

4. Le préfixe <u>re-</u>
Das Präfix <u>re-</u>

Dans les ports, Anne **re**trouve ses copains.
Après les vacances, elle **re**part au collège.

refaire — **re**venir
revoir — **re**lire
redire — **re**téléphoner

ATTENTION
écrire →
réécrire

3 VOCABULAIRE

la musique	la peinture	le papier	beaucoup (de)
la guitare	la couleur	le carton	trop (de)
le saxophone	le vert	le morceau	(pas) assez (de)
les percussions	le jaune	le pot	(trop) peu (de)
le bricolage	le rouge	le bol	
le dessin	le bleu	le verre	
le film-vidéo	le blanc	le bois	

Le prisonnier est un artiste

UNITÉ 9
UNE FÊTE DE FAMILLE

A / TU NE VAS PAS METTRE CES JEANS?

Aujourd'hui, dimanche 12 mai, Séverine Cardon, la cousine de Valérie, fait sa communion. Elle habite à Granville qui est assez loin de Rouen. Alors, ce matin, les Calvet partent très tôt. Mais Valérie a un petit problème. Quel est son problème?

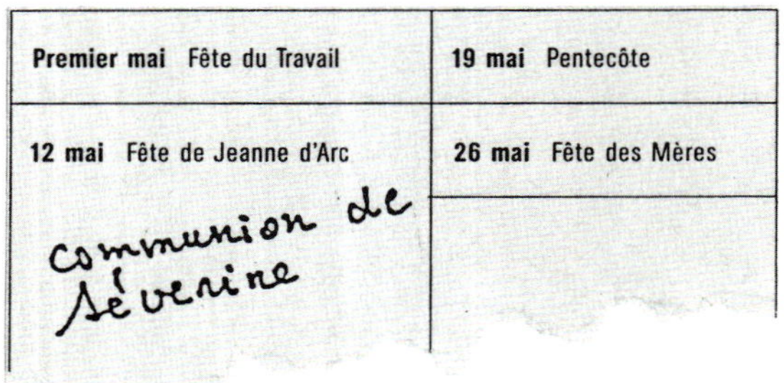

Premier mai Fête du Travail	**19 mai** Pentecôte
12 mai Fête de Jeanne d'Arc Communion de Séverine	**26 mai** Fête des Mères

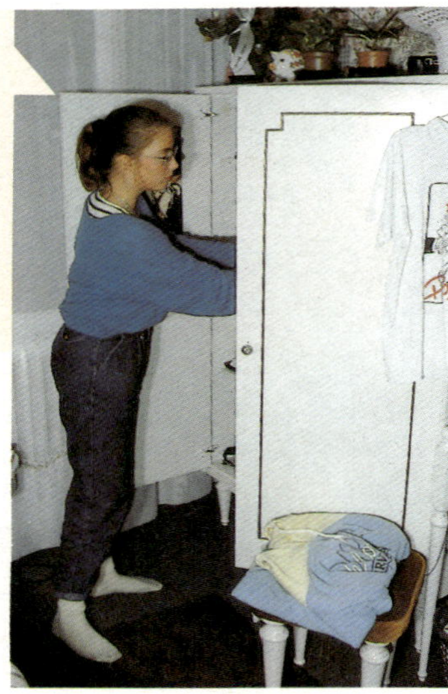

Qu'est-ce que je vais mettre pour cette communion?

À l'école comme à la maison, elle met des jeans avec un pull, ou bien un survêtement. Elle aime les vêtements simples et sa couleur préférée, c'est le rouge. Son frère, lui, préfère les vêtements qui «font artiste». Son vêtement préféré, c'est une chemise violette. Il la met toujours avec son pantalon noir. Leur sœur, Florence, aime les robes et les pulls à la mode. Mais la mode, c'est cher, alors elle les regarde dans les boutiques et c'est tout!

La famille Calvet va partir, mais Valérie est encore dans sa chambre.

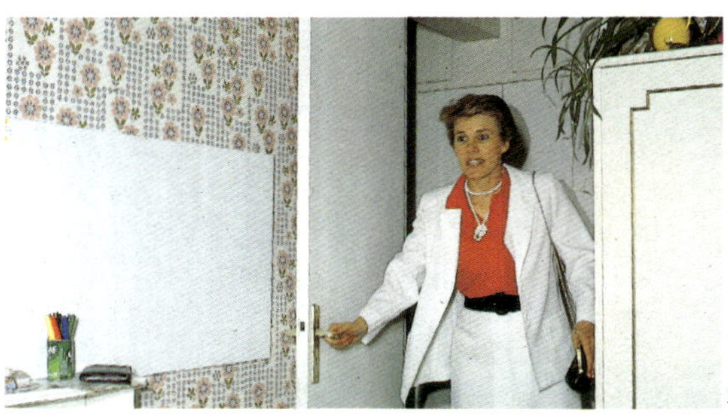

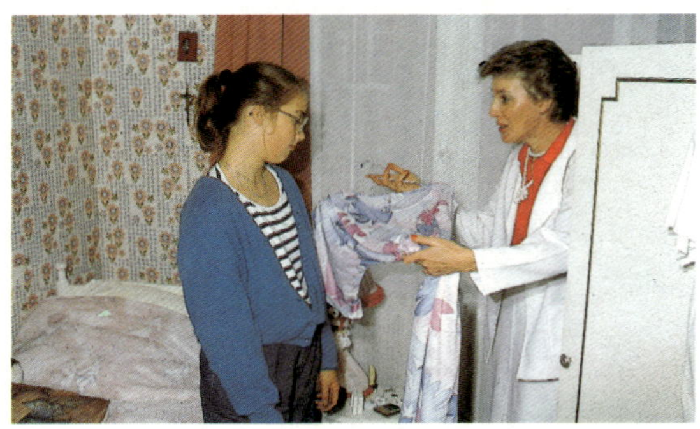

«Qu'est-ce que tu fais, Valérie? demande Mme Calvet. On va arriver en retard à la communion! OOOHHH!!! Tu ne vas pas mettre ces jeans, non? Où est-ce qu'elle est, ta jolie robe?
– Tu parles de quelle robe, maman?
– De ta robe blanche, avec les fleurs bleues et roses, enfin!
– Quelles fleurs? Ah! . . . Oh maman, j'aime bien les fleurs, mais pas sur cette robe! Je vais être ridicule!
– Et en jeans? Tu ne vas pas être ridicule?
– Mais tout le monde met des jeans!
– Pas pour une communion! Pense à tes cousins qui vont être élégants!
– Eh bien, on va être jolis avec nos vêtements du dimanche!
– Écoute, Valérie, ta robe blanche est très bien et tu vas la mettre; tu peux mettre aussi ta robe rouge mais tu ne vas pas à la communion en jeans! . . .
– Mais . . .
– Et on ne discute plus! Fais vite, on part dans cinq minutes!»

Les fêtes de famille, c'est sympathique, parce qu'on retrouve des parents qu'on ne voit pas souvent. Et puis, il y a toujours de l'ambiance et beaucoup de bruit.

Il y a l'oncle Julien qui vient de Cherbourg. C'est l'oncle que Valérie et ses cousins préfèrent: ils disent tout à l'oncle Julien, même les histoires qu'ils ne racontent pas toujours à leurs parents. Et puis, les cadeaux qu'il offre aux enfants sont toujours intéressants.

«Séverine, dit Julien, j'ai un cadeau pour ta communion!
– Un cadeau? Qu'est-ce que c'est?
– Devine!
– Euh . . . une chose que je peux utiliser à l'école?
– Non! Mais pendant les vacances!
– C'est grand?
– Oui . . . Et c'est une chose que tu n'as pas encore.
– Euh . . . c'est en plastique?
– Non, ça commence par un c comme caoutchouc!
– Un canot pneumatique!
– Bravo! Viens, il est dans ma voiture.»

Il y a aussi un autre frère de Madame Cardon, l'oncle Albert, qui vient de Caen. Lui aussi, il donne un cadeau à Séverine mais il est toujours un peu dans la lune, l'oncle Albert.

«Bon anniversaire, Séverine!
– Euh . . . bonne fête, oncle Albert!»

Il y a aussi tante Lucie qui habite à Paris. Elle est toujours après ses enfants!

«Laurent! Reste là, ne va pas avec tes cousins! Nicolas, ne monte pas aux arbres. Et ne jouez pas dans la rue! C'est trop dangereux avec les voitures!»
Et après, elle dit à ses sœurs:
«Vous voyez, c'est terrible, ils sont toujours dans mes jambes!»

À table, on discute et on mange beaucoup. On parle de l'école, de l'église, des jeunes, de la mode, de la famille, de la poste et de la télévision que les enfants regardent trop . . . Et bien sûr, on boit du champagne à la santé de Séverine.

C / VOUS ALLEZ ENCORE FAIRE DES BÊTISES!

Les parents prennent le café. Laurent a déjà mal au cœur mais il demande encore un morceau de gâteau à sa mère. Nicolas, lui, ne peut plus rester à table. Il veut faire un tour sur la plage avec son frère.
«Ah non! dit tante Lucie. Vous allez encore faire des bêtises! . . . ou alors, vous allez sur la plage avec vos cousines!
– D'accord, disent Séverine et Valérie, qui veulent aussi sortir.
– Bon, mais alors, vous ne mettez pas les pieds dans l'eau, les garçons!
– Mais non!
– Et ne montez pas sur la falaise, c'est dangereux!»

On est bien, sur la plage au mois de mai: il n'y a pas beaucoup de touristes, on est seul. Les deux filles trouvent des jolis coquillages et une étoile de mer. Pendant ce temps, les garçons jouent au pied des falaises. Eux aussi, ils trouvent des choses très intéressantes.

Le temps passe vite et il faut rentrer. Oh! Laurent a les pieds dans l'eau! Et Nicolas? Où est-ce qu'il est?
«Laurent! Sors vite de l'eau! Ça ne va pas, la tête, non?! Il est où, ton frère? demande Valérie.
– Là-haut! Il veut voir la mer d'en haut!»

Valérie regarde la falaise. On ne peut pas rentrer sans Nicolas à cause de tante Lucie qui fait des histoires pour un rien. Et puis, c'est vrai, c'est dangereux, là-haut. Nicolas est peut-être au bord de la falaise. Tout à coup, Valérie a très peur. Il peut tomber! Vite, il faut monter . . .
Cinq minutes après, ils sont en haut, mais pas de Nicolas. La falaise, la mer, le bruit de la mer et c'est tout! Ils appellent, mais Nicolas ne répond pas. Alors Valérie, Séverine et Laurent continuent au bord de la falaise et cherchent encore un peu. Tout à coup, ils entendent Nicolas. On l'entend mal et on ne le voit pas.
«Regardez là-bas, dit Laurent, il y a un »truc« de la guerre!»
Les enfants découvrent un blockhaus au bord de la falaise avec un grand trou noir qui descend dans la falaise.
«Nicolas, tu es là? Remonte.
– Non, je ne peux pas! J'ai peur du noir et il y a des bêtes qui me regardent!
– Des bêtes qui te regardent? Écoute, remonte, ou je descends!!
– Oui, descends!»
Alors, Laurent a une idée . . .
«Ah, voilà papa et maman qui arrivent! Oh là là, Nicolas, qu'est-ce que tu vas prendre!»
Les deux filles regardent, mais bien sûr, elles ne voient rien. Qu'est-ce que ça veut dire?

Mais Nicolas sort déjà du blockhaus. Il est blanc. Son pantalon, lui, est noir . . .
«Où est-ce qu'ils sont, les parents? Oh! Tu vas voir, toi . . .»

A

1. Valérie et ses jeans

▸▸ a) *Racontez.*

Dimanche 12 mai
la cousine de Valérie
communion
Granville
les Calvet
très tôt

problème
jeans
pull
survêtement
couleur préférée
rouge

vêtements
artiste
chemise
violette
pantalon
noir

robes
pulls
à la mode
cher
boutique

▸▸ b) *Corrigez.*

Valérie est dans la salle de bains. Elle veut mettre sa jolie robe rouge avec les fleurs jaunes et bleues, parce que ses amies mettent des robes. Mme Calvet n'est pas d'accord: Pour la communion, Valérie peut mettre ses jeans du dimanche avec des fleurs violettes. Ses cousins aussi vont être élégants. Valérie ne pense pas comme sa mère. À son avis, elle va être ridicule en jeans. Sa mère veut bien discuter. Elle a le temps, parce qu'ils ne partent pas avant midi.

2. Un pull et une jupe

a) *Regardez l'image. Qu'est-ce que Valérie peut mettre pour la communion?*

Elle peut mettre ses chaussures grises ___ .

b) *Et vous, qu'est-ce que vous aimez mettre?*

À l'école, je mets À la maison, je mets toujours/quelquefois Pour une fête/une surprise-partie, j'aime mettre	un pull une chemise une jupe un pantalon un tee-shirt des chaussures ___	parce que j'aime les vêtements	simples. élégants. à la mode. qui font artiste.

3. À quelle heure?

Trouvez les questions. Utilisez toujours quel, quels, quelle *ou* quelles.

1. On part à 9 heures!
   → On part à quelle heure?
2. Il est 9 heures moins cinq!
3. Mes couleurs préférées, ce sont le vert et le jaune.
4. Mon auteur préféré, c'est Flaubert.
5. Je parle des cousins qui habitent à Granville.
6. Je pense à des auteurs comme Desnos ou Prévert . . .

4. Une fête à la M.J.C.

a) Nathalie, qui organise la fête de la M.J.C., veut écrire le programme . . .
NATHALIE: Alors, Mohammed et David, qu'est-ce que vous allez faire?
MOHAMMED: Eh bien, David et moi, nous ___ .

▸◂ *Continuez et faites les dialogues.*

b) Valérie invite Fabienne à la fête et elle raconte: «David et Mohammed vont faire un film-vidéo sur ___ .»

▸▸ *Continuez.*

5. La surprise-partie

▸◂ *Faites le dialogue.*

Sylvain zeigt Isabelle im Schaufenster ein Kleidungsstück, das er gern auf der Party tragen möchte. ↘

↘ Isabelle ist entsetzt. So etwas könne man doch nicht anziehen! ↙

Wieso nicht, möchte Silvain wissen. ↘

↘ Isabelle meint, er werde lächerlich aussehen. ↙

Sylvain sagt, er bevorzuge nun einmal Kleidung, die ihn wie einen Künstler aussehen lasse. ↘

↘ Aber alle werden Jeans tragen, meint Isabelle. ↙

Sylvain widerspricht. Auf der Party werden alle elegant sein!
Er fragt Isabelle, was sie anziehen werde. ↘

↘ Isabelle antwortet . . . ↙

Dazu meint Sylvain . . .

6. Le week-end

Qu'est-ce que vous allez faire ce week-end?

Je Ma sœur/Mon frère Mes parents	___	aller à ___ . travailler. faire ___ . jouer à ___ .

✲ *Discutez.*

1. Une grande famille

Qui est-ce? *Faites des devinettes. N'utilisez pas de noms.*

Par exemple: C'est le père de la fille qui fait sa communion aujourd'hui. Qui est-ce?

2. Une fête sympathique

a) *Mettez l'article.*

1. Pour la communion de Séverine Mme Cardon a [?] travail.
2. Les cousins sont là. Ils font [?] bruit.
3. À table, il y a [?] ambiance.
4. Mme Genêt chante. Elle a [?] succès.
5. Après la fête, il y a [?] désordre.

b) *Maintenant, utilisez* beaucoup/trop de.

3. Des choses intéressantes

Vous pensez à une chose et votre partenaire devine. Utilisez qui *et* que.
– C'est une chose que tu peux utiliser à l'école, qui n'est pas chère, qui est en bois, ___ .

Continuez.

4. Ne sortez pas!

a) *Qu'est-ce qu'il ne faut pas faire? Utilisez l'impératif.*

b) Tante Lucie est toujours après ses enfants. *Qu'est-ce qu'elle dit? Imaginez.*

Ne va pas/N'allez pas ___ . Ne mange pas ___ . Ne prenez pas ___ .

5. Bonne fête!

Albert	15 novembre	Laurent	10 août	Raymond	7 janvier
Anne	26 juillet	Lucie	13 décembre	René	19 octobre
Antoine	5 juillet	Lucien	8 janvier	Robert	30 avril
Armand	23 décembre	Marguerite	16 novembre	Séverine	27 novembre
Catherine	25 novembre	Michel	29 septembre	Sylvain	4 mai
Dominique	8 août	Nathalie	27 juillet	Sylvie	5 novembre
Florence	1er décembre	Nicolas	6 décembre	Valérie	28 avril
Frédéric	18 juillet	Olivier	12 juillet	Véronique	4 février
Isabelle	22 février	Pascal	17 mai	Yves	19 mai
Jacques	25 juillet	Pierre	21 décembre		
Jérôme	30 septembre				

▸ ◂ *Posez des questions.* La fête de ___ , c'est quand?
Et l'anniversaire/la fête de ton/ta voisin/e, c'est quand?

C

1. Sur la falaise

Racontez l'histoire.

1. Les parents/prendre/les enfants/vouloir
2. D'abord/pas d'accord/mais Valérie et Séverine/aller avec les garçons
3. Alors/les enfants/aller/les filles/trouver
4. Pendant ce temps/les garçons/jouer
5. Mais tout à coup/Nicolas/ne plus être là/ les enfants/chercher/et monter
6. Dix minutes après/découvrir/trou/ Nicolas/ne pas/pouvoir sortir

2. Les cadeaux de l'oncle Julien

▸ ▸ *Complétez si nécessaire.*

1. L'oncle Julien a [?] idées formidables. Il fait toujours [?] cadeaux très intéressants.
2. Les parents n'ont plus [?] faim.
3. Laurent a déjà [?] mal au cœur mais il mange encore [?] gâteau.
4. L'oncle Albert a [?] soif. Alors, il boit [?] jus d'orange.
5. Dans le blockhaus, Nicolas a [?] peur parce qu'il y a [?] bêtes qui le regardent.
6. Tante Lucie a [?] mal à la tête; alors elle boit [?] eau.

3. La communion de Claudine

▸ ▸ *Complétez par* après, aujourd'hui, d'abord, deux heures après, enfin, pendant ce temps, tard *et* tôt.

[?] c'est la communion de Claudine, la cousine de Jacques et Véronique. Les Pardieu partent [?] parce que Coutainville est très loin de Rouen. [?] ils prennent le train de 8h15. [?] , à 10h15, ils arrivent à Saint-Lô. Là, ils prennent le car pour Coutainville.

À midi, ils mangent ensemble et [?] ils prennent le café. [?] les enfants font une promenade sur la plage. Mais le temps passe. Il est [?] et il faut rentrer. Les Pardieu prennent le train et à 1h du matin, ils sont [?] à Rouen.

4. Ne monte pas!

Nicolas monte sur un arbre. Il est en haut. Il a peur. Valérie arrive . . .
▸ ◂ *Racontez ou faites le dialogue.*

5. Bigoudi et Isidore en Afrique

Qu'est-ce qu'ils disent? Préparez l'exercice en groupe. Utilisez les «Repères», p. 94.

JEUX ET ACTIVITÉS

1. Une peur bleue

a) *Qu'est-ce que c'est en allemand?*

La nuit, tous les chats sont gris.

Il a une peur bleue.

Il passe des nuits blanches parce qu'il a des idées noires.

Elle est dans une colère noire parce qu'elle a des bleus partout.

b) *Qui est-ce?*

le petit chaperon ?

Barbe ?

? – Neige

2. Votre anniversaire

Dans une semaine, c'est votre anniversaire. Vous pensez aux vêtements que vous allez mettre, aux amis que vous allez inviter, au goûter que vous allez organiser . . .

Notez les choses que vous allez faire, écrivez des cartes d'invitation, faites une liste pour vos courses . . .

REPÈRES

1 QU'EST-CE QU'ON DIT?

Du fragst jemanden nach seinem Geburtstag	C'est quand, ton anniversaire?
Du gibst deinen Geburtstag an	Mon anniversaire, c'est le 12 mai.
Du gratulierst jemandem zum Geburtstag/ Namenstag	Bon anniversaire!/Bonne fête!
Du gibst dein Lieblingsbuch/ deinen Lieblingsautor/-film an	Mon livre/auteur/film préféré, c'est ___ .
Du sprichst über Kleidung und sagst, was du gerne trägst	J'aime mettre des vêtements simples/à la mode.
Du fragst jemanden, wie er/sie diese Hosen/ dieses Kleid findet	Comment est-ce que tu trouves ce pantalon/ cette robe?
Du fühlst dich nicht wohl/Du hast Kopfweh/ Deine Füße tun dir weh	J'ai mal au cœur/à la tête/aux pieds.
Du gibst zu, daß du dich vor etwas fürchtest	J'ai peur de ___ .
Du charakterisierst jemanden: er/sie ist verträumt/macht nur Dummheiten/regt sich ständig auf/ist immer hinter seinen/ihren Kindern her	Il/Elle est toujours dans la lune/fait toujours des bêtises/fait des histoires pour un rien/est toujours après ses enfants.
Du warnst jemanden	Ne fais pas/Ne va pas ___ ! C'est dangereux!

2 GRAMMAIRE

1. Le déterminant interrogatif <u>quel</u> Der Interrogativbegleiter <u>quel</u>

♂		♀	
quel pantalon ?	quel animal ?	quell**e** histoire ?	quell**e** robe ?
quel**s** pantalons?	quel**s** anim**aux**?	quell**es** histoires?	quell**es** robes?

Auf welche Angleichungen mußt du beim Schreiben achten? Und beim Sprechen?

lire qc	Quel livre est-ce que tu lis?	**Quel** est **ton** problème?
parler **de** qn	**De** quel garçon est-ce que tu parles?	
partir **à**	**À** quelle heure est-ce qu'on part?	**Quelle** est **ta** question?

2. Nouvelle conjugaison

boire

3. Le futur composé Die zusammengesetzte Zukunft

«Alors, aujourd'hui on visite la ville. Et demain?
– **Demain**, on **va faire** une promenade dans la forêt de Brotonne et on **va visiter** l'abbaye de Jumièges. D'accord?»

Wie bildest du das futur composé?

«Je cherche mon livre de français.
– Attends, je vais **le** trouver, moi.»

«Ta robe rouge est très jolie pour une communion.
– Peut-être, mais je ne vais pas **la** mettre.»

An welcher Stelle im Satz stehen hier die Objektpronomen?
Gib die Stellung der Verneinungswörter an.

4. L'impératif négatif

Ne mange **pas** trop de gâteau!
Ne travaille **plus**!

5. Le complément d'objet indirect Das indirekte Objekt

L'oncle Julien aime bien Séverine.

Il	offre	un canot pneumatique	**à Séverine**.
Il	raconte	des histoires intéressantes	**aux enfants**.
Il	téléphone	souvent	**à sa sœur**.

À **qui** est-ce qu'il offre un canot?

ATTENTION aider **qn** — L'oncle Julien aide toujours les enfants.
écouter **qn** ou **qc** — Il écoute toujours leurs histoires.

6. La proposition relative avec que

Voilà une B.D. Tu n'as pas encore **cette B.D.**
Voilà une B.D. **que** tu n'as pas encore.

L'oncle Julien discute avec Valérie. Les enfants aiment beaucoup **l'oncle Julien**.
L'oncle Julien, **que** les enfants aiment beaucoup, discute avec Valérie.

3 VOCABULAIRE

des vêtements simples/ élégants/à la mode
le(s) jean(s)
le pantalon
le pull
le survêtement
la chemise
la robe

la mer
la plage
le coquillage
une étoile de mer
la falaise

là-haut
en haut
au pied de
au bord de

la tête
le cœur
le pied
la jambe

tout à coup
d'abord
cinq minutes après
pendant ce temps

UNITÉ 10
BIENTÔT LES VACANCES!

A / ON A FERMÉ LES LIVRES . . .

Le ciel est bleu, on est heureux. Pourquoi? Parce qu'on a fermé les livres . . . C'est la fin de l'année scolaire!
Ce matin, Monsieur Martin a joué avec ses élèves. Maintenant, c'est la récréation et dans la cour, il y a une ambiance de vacances.

M. MARTIN: Aïe! Qui a lancé ce ballon?
DAVID: Euh . . . nous, Monsieur. Pardon, on n'a pas fait exprès!
M. MARTIN: C'est encore heureux! Mais je voudrais quand même rester en vie pour les vacances.
MME BACHELET: Moi aussi! Qu'est-ce que tu fais cette année?
M. MARTIN: On va dans les Landes. J'ai des amis qui ont acheté une petite maison là-bas, on veut passer trois semaines ensemble. Et toi?
MME BACHELET: On fait du camping dans les Pyrénées. On a déjà visité la région l'année dernière, et on a beaucoup aimé. Tu sais, j'adore la montagne!
M. MARTIN: Ben, moi non! J'ai déjà peur sur une falaise, alors, en montagne . . .
MME BACHELET: Je vois! Moi, je n'aime pas la mer. J'ai peur de l'eau!

Pendant la récréation, Valérie écrit une lettre à Nicole.

Rouen, le 26 juin

Chère Nicole,

Merci beaucoup de ta lettre. Je réponds avec un peu de retard mais qu'est-ce que tu veux ... On a fait trop de choses en juin!

D'abord, le volley: notre collège a joué quatre fois contre le collège Albert Camus. Nous avons gagné deux fois!
Et puis les fêtes et les anniversaires! En mai, j'ai été à Granville avec mes parents pour la communion de ma cousine Séverine. On a passé un dimanche très sympa. Samedi dernier, on a fêté les 13 ans de Fabienne. Hier, Sophie a donné un concert pour la fin de l'année ... Qu'est-ce que j'ai encore fait? Ah oui, j'ai été à l'expo de photos à la M.J.C. David et ses copains ont fait des photos du port formidables. Oui, on est en vacances du 1er juillet au 10 septembre. Ce n'est pas mal, hein?

En juillet, je reste à Rouen, mais on peut faire beaucoup de choses ici, en juillet. Il y a la piscine, les balades, le ciné ...

En août, nous allons à Granville dans la maison de mon oncle. Fabienne fait un voyage en Ardèche avec son père et Patrick, lui, part en colonie de vacances, près de Saint-Raphaël.

Oui, je passe en quatrième comme mes copains, mais Sophie redouble. Elle est très triste et nous aussi.

Tu n'as pas parlé de tes vacances dans ta lettre. Est-ce que tu viens en France? Écris vite! Donne le bonjour à ta famille.

Grosses bises Valérie

Dick Küsse (c'est juste?) David

Bises Fabienne

♥ PATRICK

Tu reviens quand? Mohammed

B / TU AS ATTENDU JUSQU'AU DERNIER MOMENT!

Monsieur Martin, qui a vu Sophie, a traversé la cour.

M. MARTIN: Il ne faut pas faire cette tête, Sophie, tu redoubles et c'est dommage, mais ce n'est pas une catastrophe.
SOPHIE: Ce n'est pas juste. J'ai beaucoup travaillé!
M. MARTIN: Sophie, tu as attendu jusqu'au dernier moment. Tu as travaillé, oui, mais à la fin de l'année! Il faut être honnête, le travail scolaire et toi, ça fait deux. Cette année, tu as surtout fait de la musique.
SOPHIE: Mais en français, je ne suis pas bonne, Monsieur?
M. MARTIN: Si, mais tu n'as rien fait en maths . . . J'ai vu ton dernier test. Tu as répondu à une question sur dix.
SOPHIE: Je n'ai rien compris!
M. MARTIN: Et pourquoi est-ce tu n'as rien dit? Et en allemand . . . je n'ai pas noté de progrès, non plus. Allons, ne pleure pas. Tu vas bien travailler l'année prochaine et puis, c'est tout. Moi aussi, j'ai redoublé une classe à ton âge et maintenant, je suis prof.
SOPHIE: Moi, je ne veux pas devenir prof, alors pourquoi est-ce que je redouble, hein?
M. MARTIN: Oh Sophie! . . .

Il n'est pas méchant, Martin, mais il ne peut pas comprendre. C'est un prof et il a au moins trente-cinq ans!

Mais là-bas, Sophie voit Jérôme, et Jérôme, c'est un bon copain. Il écrit les textes de ses chansons. Tout à coup, Sophie pense à une chose: Est-ce que Jérôme, qui entre au lycée, va encore écrire des chansons pour une fille de cinquième?
Jérôme aussi a vu Sophie . . .
«Salut, Sophie, dis, est-ce que tu peux . . . Eh, qu'est-ce que tu as? Tu as pleuré? C'est parce que tu redoubles? demande Jérôme.
– Bof . . .
– Écoute, Sophie . . . L'année prochaine, tu vas travailler un peu et . . .
– Ah! Toi aussi?
– Comment, moi aussi? Écoute, ne pense plus à ça. Dis, est-ce que tu peux passer à la maison, tout à l'heure? J'ai écrit une chanson sur la cigale et la fourmi.
– La fable de La Fontaine?
– Non, tu vas voir, je ne dis rien maintenant, mais c'est super!
– Tu es modeste, dis donc!
– C'est normal. J'écris des chansons formidables pour une fille formidable.
– Qu'est-ce que tu es bête. Bon alors, à tout à l'heure.»

Et Sophie fait une bise à Jérôme. Elle n'est plus triste . . .

C / LE JOURNAL DE SOPHIE

Vendredi, 19 juin

Je redouble. J'ai eu une discussion terrible avec papa et maman. J'ai entendu des choses comme: «Tu as voulu une guitare, maintenant, tu l'as et tu donnes des concerts ... et quel est le résultat? Tu n'as rien fait en classe et tu redoubles.»

Voilà, je redouble «à cause de la musique et des copains du groupe». Ce n'est pas vrai! J'ai voulu tout expliquer à mes parents mais je n'ai pas pu et j'ai dit des choses que je regrette. Maintenant je suis seule dans ma chambre et une chose est claire. Ce n'est pas la faute des copains et de la musique. On peut faire les deux. Mais les maths, la géo et tout ça, ça ne m'intéresse pas. Alors, je n'ai rien appris et je n'ai rien fait ... Bien sûr, on ne peut pas toujours faire des choses intéressantes. «Plus de guitare, plus de concerts, plus de chansons» a dit papa. Oh non, surtout pas ça ... Il faut trouver une solution!

Lundi, 22 juin

À la maison, l'ambiance n'est toujours pas très bonne mais ça va un peu mieux. Après l'école, j'ai passé deux heures avec Jérôme et Valérie. On a discuté de mes problèmes et de la chanson de Jérôme. Elle est jolie, sa chanson, et j'ai trouvé une musique. Ce n'est pas du rock, mais c'est intéressant aussi. Après, on a été à la Coupole avec Florence, on a mangé une glace et bu une limonade. Ils ont été gentils comme tout! Bien sûr, Jérôme et moi, on va encore travailler ensemble. Je vais peut-être donner un concert dans son lycée ...

On a pensé à une chose: dans deux ans, je peux faire une classe de conservatoire. Dans ces classes, on fait beaucoup de musique mais pour ça, il faut avoir des bonnes notes, alors je redouble, d'accord, mais ce n'est peut-être pas une mauvaise chose ...

EXERCICES

A

1. C'est les vacances!

Posez des questions avec Pourquoi est-ce que ___ ? *et répondez.*

1. Les élèves sont heureux. — ___ ont fermé ___ .
2. Monsieur Martin a joué avec ses élèves. — ___ c'est la fin ___ .
3. David dit «Pardon!» — ___ a lancé ___ .
4. Monsieur Martin et ses amis peuvent passer trois semaines ensemble. — ___ ont acheté ___ .
5. Mme Bachelet fait du camping dans les Pyrénées. — ___ a visité ___ et a aimé ___ .

2. Chère Nicole

Valérie écrit à Nicole. *Faites un résumé.*

en juin notre collège a joué nous avons gagné	volley Collège Albert Camus	en mai samedi dernier hier	on a été on a fêté Sophie a donné
1er juillet – 10 septembre en août Patrick	vacances Granville colonie de vacances	passer en quatrième redoubler triste	

3. David et son copain

▸▸ *Mettez les phrases au passé composé.*

David ferme son cahier ↓ David a fermé son cahier	et il ne fait pas sa rédaction de français. ↓ et il n'a pas fait sa rédaction de français.
Il invite ses copains Il joue au foot Patrick et David regardent la télé Ils écoutent des cassettes	mais il ne range pas sa chambre. mais il n'aide pas sa mère. et ils ne travaillent pas. et ils ne pensent pas à leurs devoirs.

4. Qu'est-ce que tu as fait hier?

	1	2	3	4	5	6
1	regarder	faire	travailler	parler	jouer	chercher
2	écouter	chanter	danser	manger	gagner	acheter
3	visiter	donner	fêter	fermer	discuter	trouver
4	aider	ranger	passer	inviter	raconter	faire
5	utiliser	être	lancer	retrouver	faire	téléphoner
6	organiser	téléphoner	penser	déjeuner	demander	être

▸◂ *Jouez à deux avec un dé.*

Vous avez un 3. Vous prenez un verbe de la colonne 3 (↓) et vous posez une question à votre voisin/e:
«Est-ce que tu as travaillé hier?»
Votre voisin/e joue et a un 6 (→). Il/Elle répond: «Non, je n'ai pas travaillé. J'ai été à la piscine.»

hier dimanche ___	matin après-midi soir	?
la semaine	dernière	
le mois le week-end samedi ___	dernier	?

5. Ciel bleu

✲ À votre avis, quels mots vont ensemble? *Faites des phrases et racontez une petite histoire.*

6. L'année dernière . . .

Qu'est-ce que vous avez fait pendant les vacances? *Racontez.*

passer
être

une semaine à ___
___ semaines en ___

écouter
faire
jouer
organiser
travailler
visiter

B

1. Sophie est triste

a) *Faites un résumé.*

___ a travaillé ___ mais ___ a attendu ___ .
En maths, ___ a répondu ___ n'a rien compris ___ .
En français ___ mais en allemand, ___ n'a pas noté ___ .
___ redouble ___ parce qu'___ a surtout fait ___ .

b) *Répondez:* Pourquoi est-ce que Jérôme est un bon copain? Pourquoi est-ce que Sophie dit «Ah! Toi aussi?» Pourquoi est-ce qu'elle n'est plus triste après?

2. Qu'est-ce qu'ils ont fait?

▸▸ *Trouvez les raisons.* Par exemple: «Je suis en retard parce que j'ai pris mon temps.»

3. La cigale et la fourmi

Complétez au passé composé.

En été, la fourmi [?] .	travailler
La cigale [?] .	chanter
Maintenant, nous sommes en janvier. La cigale a faim.	
«Fourmi?»	
La fourmi ne répond pas.	
Elle n' [?] rien [?] , rien [?] .	entendre/voir
«Dis donc! Tu n'as pas un peu de pain?»	
«Je ne suis pas un restaurant, moi!	
Qu'est-ce que tu [?] pendant l'été?»	faire
«Ben . . . j' [?] .»	chanter
«Ne pleure pas comme ça, j' [?] !»	comprendre
«Dis, tu n'as pas un peu de pain? J'ai faim!»	
«J' [?] ! Mais tu [?] en été, et maintenant tu peux danser!»	comprendre/ chanter

4. Je redouble

▸◂ *Discutez avec Sophie.*

Je redouble.
Ce n'est pas juste!
J'ai bien travaillé.
Je suis bonne en français et en musique.
Je ne vais plus voir mes copains.
En maths, je n'ai rien compris.
Qu'est-ce que mes parents vont dire?

C'est triste.
Il ne faut pas pleurer.
Ce n'est pas une catastrophe.
Qu'est-ce que tu as?
Il faut ___ .
C'est dommage, mais ___ .
On va t'aider.

5. Ce n'est pas juste!

Demain, la cinquième 2 part à Saint-Malo avec M. Martin et Mme Bachelet et après . . . ce sont les vacances! Mais Fabienne est triste . . . Ses amis la consolent.

Qu'est-ce qu'ils disent? Jouez les rôles.

<u>FABIENNE:</u> Lundi, ce sont les vacances et ___ .
Je ne peux pas ___ .
<u>SES AMIS:</u> Il ne faut pas ___ .
On peut ___ ensemble.
C'est dommage, mais ___ .
Tu vas voir, dans trois semaines ___ .
C'est vrai, mais tu peux ___ .

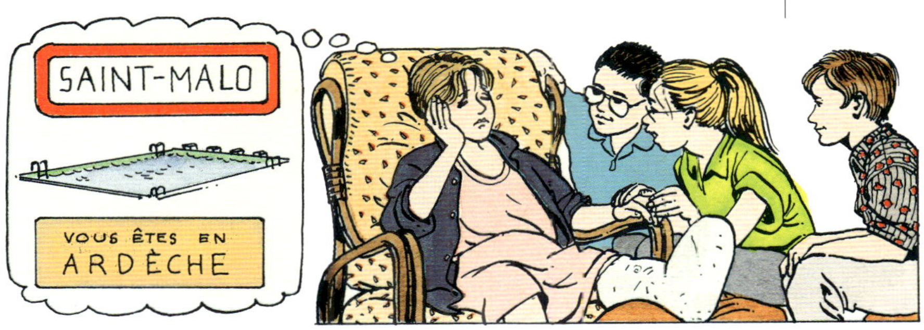

C

1. Jérôme et Sophie

Sophie va chez Jérôme. Elle est toujours triste . . . Jérôme pose beaucoup de questions à Sophie. *Prenez le rôle de Sophie. Utilisez les participes passés indiqués.*

- Oh là là, ça ne va toujours pas? (eu)
- Et qu'est-ce qu'ils ont dit? (voulu)
- Et, toi, qu'est-ce que tu as répondu? (voulu, pu, appris)
- Il y a peut-être une solution, tu sais . . .

Quelle est cette solution?

2. Sur la plage

Valérie raconte à sa mère l'histoire de Nicolas dans le blockhaus. *Complétez. Utilisez les verbes* appeler, chercher, découvrir, dire, faire, répondre, trouver, voir *au passé composé.*

1. D'abord, nous ___ .

2. Laurent ___ .

3. Nicolas, lui, ___ .

4. Dix minutes après, nous ___ .

5. Et nous ___ «Nicolas!»

6. Tout à coup, nous ___ .

7. Moi, j'___ .

8. Et Nicolas ___ .

3. Hier et demain

Qu'est-ce que vous avez fait hier?
Qu'est-ce que vous allez faire demain?
▸▸ *Répondez et utilisez deux verbes de la liste.*

Hier, j'ai ___ .
on a ___ .
nous avons ___ .

Demain, je vais ___ .
on va ___ .
nous allons ___ .

aider – apprendre – attendre – avoir – danser – dessiner – donner – écouter – écrire – entendre – être – faire – inviter – jouer – manger – organiser – parler – regarder – téléphoner – travailler – trouver – visiter – voir

4. Vous entendez?

▸▸ a) Voir *ou* regarder; entendre *ou* écouter? *Complétez.*

b) *Imaginez la suite.*

5. Une solution?

Sophie parle à Évelyne Morand, une élève du conservatoire. *Regardez le dépliant et l'emploi du temps. Faites le dialogue entre Sophie et Évelyne.*

COLLÈGE FONTENELLE
76 ROUEN

Renseignements sur les classes de conservatoire de notre collège.

Nos classes de conservatoire sont là pour les élèves qui viennent déjà d'une autre classe de conservatoire ou qui jouent déjà d'un instrument.
Les élèves qui ne viennent pas d'une classe de conservatoire passent un test en juin.
Nombre de places: 24
Cours de musique
► au collège: 3h par semaine
► au conservatoire: 2h par semaine

LUNDI	MARDI	MERCREDI	JEUDI	VENDREDI	SAMEDI
15h-16h Cours de guitare	15h-17h Cours de guitare	20h Opéra de Paris	15h-17h Groupe de Jazz	libre	19h Concert de guitare classique des élèves du lycée Fontenelle

JEUX ET ACTIVITÉS

D

1 J'ai été sur la lune

Qu'est-ce que vous avez fait hier?
Écrivez une chose drôle, cachez votre texte et donnez votre feuille à votre voisin.
Hier matin/hier après-midi/hier soir/___. *Ensuite, lisez les textes.*

2 Un bonjour de Croisset

Vous avez visité Croisset, Rouen et Jumièges, Tours, Annecy, Clermont-Ferrand.
(Regardez le livre p. 18, 22, 35, 36 et 58.) Maintenant, écrivez une carte postale à un/e ami/e.

REPÈRES

1 QU'EST-CE QU'ON DIT?

Einen Brief an eine/n Freund/in beginnst du mit	Cher ___ ,/Chère ___ ,
und beendest du mit	(Grosses) bises.
Du läßt Grüße ausrichten	Donne le bonjour à ___ .
Du entschuldigst dich	Pardon, je n'ai pas fait exprès.
Du findest etwas schade	(C'est) dommage.
Du sagst, daß du Musik sehr gerne magst/spielst	J'adore la musique/faire de la musique.
Dein/e Freund/in hat ein Problem, und	Il ne faut pas faire cette tête.
du versuchst, ihn/sie aufzumuntern	Écoute, ne pense plus à ça.
Du fragst ihn/sie, ob er/sie sich (etwas) besser fühlt	Ça va (un peu) mieux?
Er/Sie findet es nett, daß du dich so um ihn/sie kümmerst	C'est gentil./Tu es gentil/le.
Du meinst, man solle sich nichts vormachen	Il faut être honnête.
Du verabschiedest dich	À tout à l'heure!/À bientôt!

2 GRAMMAIRE

1. Le passé composé

– Qu'est-ce que tu fais?
– J'écoute de la musique et je fais mes devoirs.

– Qu'est-ce que tu **as fait hier**?
– **Hier**, j'**ai écouté** de la musique et j'**ai fait** mes devoirs.

1. Le participe passé   Das Partizip Perfekt

a) Les verbes en -er

pass**er** → pass**é**
rang**er** → rang**é**
téléphon**er** → téléphon**é**
chant**er** → chant**é**
achet**er** → achet**é**

b) Les verbes en -dre

atten**dre** → atten**du**
répon**dre** → répon**du**
enten**dre** → enten**du**

c) Quelques verbes irréguliers   Einige unregelmäßige Verben

avoir → eu
boire → bu
dire → dit
écrire → écrit
être → été
faire → fait
pouvoir → pu
prendre → pris
voir → vu
vouloir → voulu

Tu peux trouver les participes des autres verbes dans la liste des verbes, p. 117–119.

2. L'ordre des mots avec le passé composé   Die Wortstellung beim passé composé

– Qu'est-ce que	vous		avez	déjà	vu	à Rouen?
– Eh bien,	j'		ai	déjà	visité	le musée Jeanne d'Arc
mais	je	n'	ai	pas	vu	le port,
et	je	n'	ai	pas encore	visité	la cathédrale.

Gib die Stellung
a) *der beiden Teile der Verneinung,*
b) *des direkten Objekts und*
c) *des Adverbs an.*

3 VOCABULAIRE

les vacances
être en vacances
la colonie de vacances
le voyage

la région
le camping
la piscine
la montagne
le ciel

(la fin de) l'année scolaire
passer (en quatrième)
redoubler
apprendre

le lycée
le conservatoire
la question
le test
le progrès
le résultat

hier/aujourd'hui/demain
la semaine dernière/prochaine
l'année dernière/prochaine

Pourquoi les fourmis ont quelquefois des ailes

La cigale a chanté cette année
Elle a joué, elle a dansé
elle a raconté des histoires
aux p'tites fleurs du matin au soir

Les fourmis sont des gentils p'tits gosses
qui à l'école bossent, bossent
pour avoir de jolies situations
et pour gagner tout plein de ronds

Avec ses ailes pour guitare
elle n'a pas gagné un dollar
et il fait un froid de canard
Oh! la cigale a le cafard

Une fourmi noire entre les fleurs
voit la cigale qui pleure
dit: ma chérie, t'as pris l'école
pour une sorte de music-hall

mais tu sais, tu as du talent
et je t'invite au restaurant
C'est triste la vie des fourmis
sans les chansons de leurs amis

Y a pas d'perdants, y a pas d'gagnants
y a pas d'vrais bons, pas d'vrais méchants
y a seulement des gens différents
y a du noir, du rose et du blanc

Moi je t'envie tes ailes claires
et qui font do ré mi fa sol
parce que moi j'colle à la terre
je sais pas chanter, c'est pas d'bol

La cigale a découpé dans ses ailes
un p'tit morceau couleur de ciel
qu'elle a vite collé sur le dos
de la fourmi fa sol la si do!

UNITÉ 11
À SAINT-MALO

A / UNE AVENTURE DE SURCOUF: LE DÉBUT DE L'HISTOIRE

La cinquième 2 est arrivée hier à l'auberge de jeunesse de Saint-Malo. Les élèves et leurs professeurs sont d'abord allés sur la plage.

Ensuite, ils sont montés sur les remparts et ils ont fait le tour de la ville. Ils sont aussi entrés au musée de Quic-en-Groigne et là, ils ont vu des tableaux et des statues des grands hommes de ce port. Saint-Malo, c'est la mer, l'aventure et l'histoire. Pour Mohammed qui adore les histoires de corsaires, c'est d'abord la ville de Surcouf . . .

«Mais enfin, quelle est la différence entre ton Surcouf et un simple pirate? demande Fabienne.
– Un corsaire n'est pas un pirate! Surcouf a travaillé pour son pays, répond Mohammed.
– Tu appelles ça »travailler«? Il a fait la traite des Noirs, il a tué des tas de gens!
– Mais qu'est-ce que tu veux, c'est l'époque de la traite des Noirs! C'est terrible, mais ce n'est pas la faute de Surcouf. Et puis, la France est alors en guerre contre l'Angleterre. Tu sais, Surcouf n'a pas attaqué les navires anglais pour son plaisir, il a fait son boulot . . .
– Son boulot, son boulot, joli boulot!
– Écoute, un corsaire, c'est un corsaire, mais Surcouf a aussi eu beaucoup de courage et d'imagination!
– Du courage et de l'imagination!
– Ben oui, il n'a pas toujours tué. Un jour par exemple . . .
– Oui! dit David. Raconte, Mohammed! Moi, j'adore les histoires qui sont arrivées pour de vrai!
– Bon alors, voilà . . .»

Et Mohammed commence son histoire.

«Un jour, Surcouf et ses hommes sont sur leur navire, LA CONFIANCE. Tout à coup, ils voient un bateau anglais, LA SYBILLE. LA SYBILLE est un grand navire . . . beaucoup trop dangereux pour LA CONFIANCE. Surcouf ne peut pas attaquer . . .
– Mais alors, demande David, qu'est-ce qu'il va faire, Surcouf? Prendre la fuite?
– Non, il ne peut pas, c'est trop tard. L'Anglais est bien trop près. Non, il faut gagner du temps . . .»

Mais Madame Bachelet et Monsieur Martin appellent les élèves. Ce matin, la classe fait une excursion en bateau et il faut partir.

«Vite, les enfants! Le bateau nous attend!
– N'oublie pas ton histoire de Surcouf, Mohammed, dit David, on continue sur le bateau!»

B / LA SUITE DE L'HISTOIRE DE SURCOUF . . .

Le bateau est maintenant sorti du port. Tout le monde est content . . . sauf Madame Bachelet qui a peur de l'eau et qui a un peu mal au cœur. Mohammed continue son histoire.

«Surcouf, donc, doit gagner du temps. Il a une idée: ses marins vont mettre des vêtements anglais – ce sont des vêtements de prisonniers – et on remplace vite le drapeau français par le drapeau anglais. Sur La Confiance, il y a un homme qui parle très bien anglais et qui va jouer le rôle du capitaine. La Sybille est maintenant très près de La Confiance et on peut entendre son capitaine.

– *Salut, les amis! crie l'Anglais. D'où est-ce que vous venez? Où est-ce que vous allez?*

– *Nous sommes partis du pays, il y a trois semaines. Nous cherchons La Sybille. Nous avons une lettre pour son capitaine et des paquets pour les marins, répond le faux capitaine . . .*

– Comment est-ce que tu dis tout ça en anglais? demande Patrick.

– Chut! proteste David, continue, Mohammed!

– Le capitaine de La Sybille dit alors: *Le capitaine que vous cherchez, c'est moi! Qu'est-ce qu'il y a dans cette lettre?*

– *Je ne sais pas, répond l'homme de* La Confiance, *mais je mets tout de suite un canot à la mer, d'accord?*

– *Oui, merci, dit l'Anglais, vous êtes bien sympa! . . .*

– Eh! Mohammed! Il n'a pas dit »sympa«! Ce n'est pas le français de cette époque!

– Oh Patrick, arrête, dit David. Continue, Mohammed. Alors, le canot . . .

– Alors, ils mettent le canot à la mer, avec deux hommes et les faux paquets. Pendant ce temps, les deux hommes discutent encore.

– *Ça alors, dit l'Anglais, votre bateau ressemble beaucoup à* La Confiance *de Surcouf!*

– *C'est normal, c'est* La Confiance, *explique le faux capitaine. Mais maintenant, nous l'appelons* Le Hunter! *Surcouf, mon cher ami, Surcouf est notre prisonnier depuis trois semaines!*

– *Hein? Comment? Qu'est-ce que vous dites! Ça, alors, c'est super!*

– Je ne dis plus rien, dit Patrick, mais un Anglais qui, à cette époque, dit »super«, eh bien, ce n'est pas banal!

– Écoute, Patrick, arrête, ou on te met à l'eau!»

C / LA FIN DE L'HISTOIRE DE SURCOUF

À midi, ils sont arrivés sur une petite île. Ils sont descendus du bateau et ils ont fait un pique-nique. David, Mohammed, Patrick et Valérie ont oublié Surcouf un moment. Ils ont mangé des sandwiches, bu de la limonade et joué au ballon-prisonnier. Madame Bachelet va mieux mais il faut remonter sur le bateau. On rentre ce soir à Rouen et on ne peut pas partir trop tard.

Sur le bateau, Mme Bachelet explique à un petit groupe la géographie de la région, Monsieur Martin pense aux vacances et Mohammed continue son histoire.

«Bon alors, où est-ce qu'on en est?
– Surcouf a mis un canot à la mer . . . et les Anglais sont bien contents parce que Surcouf est soit-disant leur prisonnier, dit David.
– C'est ça, dit Mohammed.

Le capitaine de LA SYBILLE crie alors: *Ciel! Mes amis, Surcouf est votre prisonnier! Comme je suis heureux, heureux! Ce méchant Surcouf va enfin goûter à notre bonne cuisine anglaise . . . Ah! Ah! Ah!* Pendant cette conversation bien sympathique, les deux marins qui sont presque arrivés à LA SYBILLE font un trou dans leur canot (sur l'ordre de Surcouf!) et . . . coulent!

– Non, mais il est fou, ton Surcouf! proteste Valérie.
– Mais pas du tout. Tu vas comprendre . . .

Les Anglais qui veulent avoir les paquets et la lettre aident les deux hommes qui montent sur LA SYBILLE . . . Et pendant ce temps, LA CONFIANCE fait demi-tour. Les Anglais posent des questions aux deux marins qui ne répondent pas. (Ils ne parlent pas un seul mot d'anglais!) Ils ouvrent les paquets, il n'y a rien dedans! Le capitaine ouvre la lettre et peut lire:

– Alors, là, Mohammed, je regrette, proteste Patrick, mais il n'a pas écrit ça . . .
– Non, mais qu'est-ce que ça peut faire, c'est le sens de sa phrase! dit Mohammed.
– Continue, dit Valérie, l'humour et toi, ça fait deux, Patrick!
– Maintenant les Anglais ont compris, le capitaine est devenu vert: LA CONFIANCE a pris la fuite . . .
– Mais les deux marins du canot, qu'est-ce qu'ils vont devenir? demande Valérie.
– Ils sont prisonniers des Anglais, bien sûr, mais Surcouf va les échanger contre deux prisonniers anglais . . .
– Quand même, la vie de ses hommes, elle n'est pas très importante pour Surcouf! dit Fabienne.
– Mais si! Tu vois bien, il . . .»

Et la discussion de ce matin recommence!

Trois heures après, tout le monde est à l'auberge de jeunesse. On est rentrés à l'heure. On prend le car et on repart pour Rouen. C'est la fin d'un voyage mais c'est aussi la fin d'une année scolaire. Les vacances commencent . . . et une nouvelle étape de la vie!

A

1. Une aventure de Surcouf

Lisez le texte p. 107 et donnez un titre aux quatre parties du texte.

2. À Saint-Malo

a) *Répondez.*

1. Quand est-ce qu'ils sont arrivés?
2. Où est-ce qu'ils sont allés en premier?
3. Où est-ce qu'ils sont montés?
4. Où est-ce qu'ils sont entrés?

b) *Trouvez les endroits.*

1. M. Martin a dit: «Nous restons une nuit ici.»
2. Là, ils ont trouvé des coquillages.
3. D'en-haut, ils ont vu la mer.
4. Là, ils ont pu acheter un livre sur les corsaires.
5. Là, ils ont appris l'histoire des grands hommes de Saint-Malo.

c) *Racontez le début de l'histoire avec les réponses de* a) *et les phrases de* b).

3. Un bateau anglais

Surcouf a vu l'Anglais. Qu'est-ce qu'il faut faire? Il parle avec ses hommes.

Prenez un rôle et faites le dialogue.

Surcouf macht seine Leute auf das englische Schiff aufmerksam. Der eine schlägt vor, es anzugreifen. Surcouf meint, es sei zu gefährlich, weil . . . Der zweite fragt, ob man die Flucht ergreifen solle. Surcouf sagt, es sei zu spät. Man müsse aber Zeit gewinnen.

B

1. La suite de l'histoire de Surcouf

Répondez.

1. Surcouf veut gagner du temps. Pourquoi?
2. Quelle est son idée? Qu'est-ce que ses marins font?
3. Quel marin joue le rôle du capitaine?
4. Qu'est-ce que le faux capitaine veut donner aux marins anglais?
5. Pourquoi est-ce que l'Anglais est content?
6. À votre avis, comment est-ce que l'histoire continue?

2. Dans le bateau

Complétez et relisez le résumé.

Le bateau sort [?] port. Tout le monde est content [?] Madame Bachelet qui a mal [?] cœur. Mohammed raconte une histoire [?] copains: Les marins de Surcouf remplacent leurs vêtements [?] des vêtements anglais. Leur navire est tout près du navire anglais. Le faux capitaine parle [?] Anglais. Il a une lettre [?] le capitaine et des paquets [?] les marins. Il veut mettre un canot [?] la mer. L'Anglais est d'accord, mais à son avis, le bateau des corsaires ressemble beaucoup [?] LA CONFIANCE. Le faux capitaine explique tout: Surcouf est leur prisonnier depuis trois semaines et c'est son bateau.

3. Mohammed à Saint-Malo

Le week-end dernier, Mohammed est allé seul à Saint-Malo. Qu'est-ce qu'il a fait? *Racontez.* D'abord, il est arrivé à l'auberge de jeunesse . . .

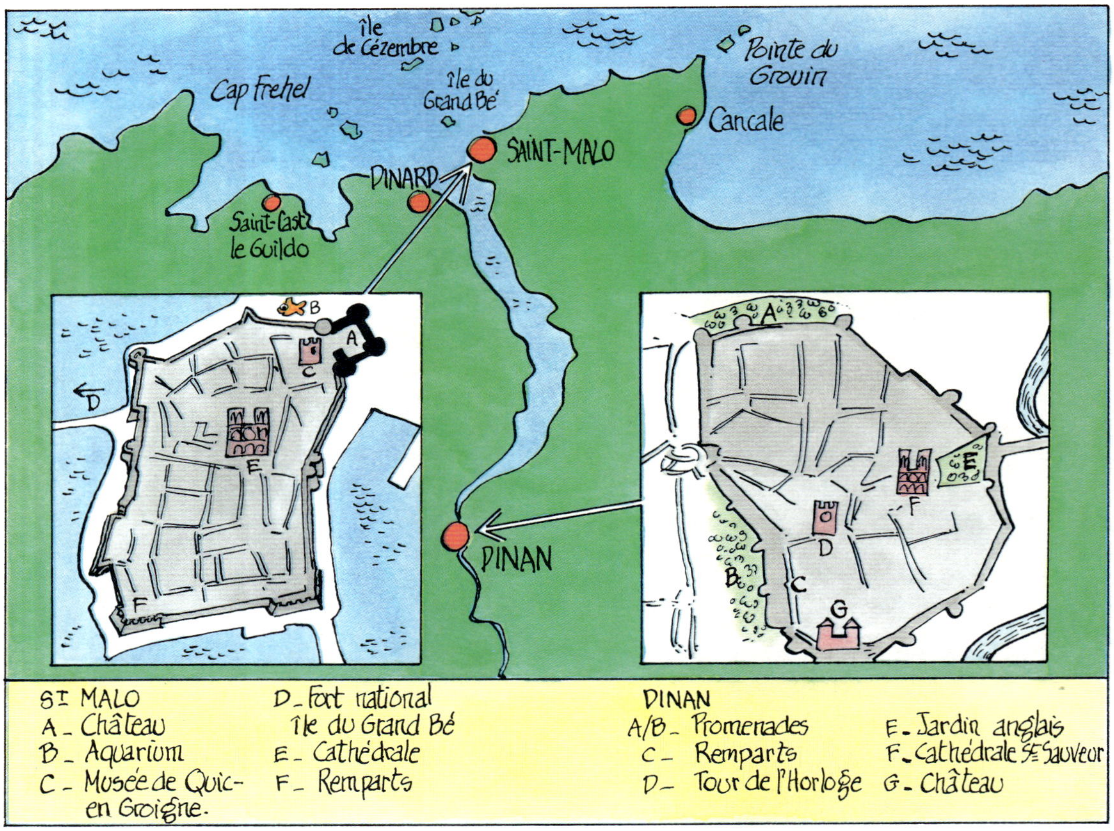

4. Un port

Vous avez visité un port dans votre pays, en France ou ailleurs. *Racontez.*

C

1. Surcouf, suite et fin

▸▸ a) *Racontez la promenade en bateau des élèves.*

à midi/arriver/île → À midi, les élèves <u>sont arrivés</u> sur une île.

descendre/faire/pique-nique
puis/jouer/ballon-prisonnier
ensuite/remonter/bateau
sur le bateau/expliquer/géographie
ensuite/reprendre/histoire

▸▸ b) *Racontez la fin de l'histoire.*

marins faire trou	→	Anglais vouloir aider	→	marins monter donner	→	capitaine ouvrir lire	→	Anglais comprendre devenir	→	LA CONFIANCE prendre la fuite

Les marins font un trou dans leur canot et ___

2. Boulot = travail

Qu'est-ce que vous dites en français standard?

1. Il fait son boulot.
2. C'est super.
3. Il y a des tas de gens.
4. Vous êtes bien sympa.
5. C'est son copain.
6. J'en ai plein le dos!
7. J'adore les histoires qui sont arrivées pour de vrai!
8. J'ai le trac!

3. La traite des Noirs

Lisez.

Pendant trois siècles, les navires transportent quatre à cinq millions de Noirs d'Afrique en Amérique. Là, des Blancs les achètent et les traitent comme des animaux. Les Noirs travaillent du matin au soir. Mais en France, comme dans beaucoup de pays, il y a des personnes qui sont contre la traite des Noirs et des auteurs qui écrivent des livres et des textes sur ce problème: Montesquieu, Voltaire, Rousseau. Après la Révolution, une loi interdit la traite et l'esclavage dans les colonies françaises. Mais cette loi reste sans conséquences et au début du 19ème siècle, Napoléon rétablit la traite des Noirs. Environ quarante ans après, après la Révolution de 1848, la France met fin à l'esclavage.

a) *Regardez dans une encyclopédie allemande: Qui est Montesquieu? Voltaire? Rousseau? Présentez-les à vos camarades.*

b) *Dans quelles colonies est-ce que les Français ont transporté des esclaves? Qu'est-ce que ces colonies sont devenues aujourd'hui? Cherchez ces informations dans une encyclopédie allemande.*

c) *La traite des Noirs. Donnez votre avis et discutez en allemand.*

4. Les aventures du Sirius

Racontez au présent.

Voilà LE SIRIUS et son capitaine ___ . LE SIRIUS est un bateau ___ qui transporte ___ .

Un jour, ___ . *Continuez.*

Vous avez des problèmes avec le vocabulaire? Votre professeur va vous aider.

REPÈRES

1 QU'EST-CE QU'ON DIT?

Jemand spricht dich auf italienisch an, aber bedauerlicherweise kannst du kein Italienisch	Je regrette, mais je ne parle pas un mot d'italien.
Du kannst etwas nicht auf französisch ausdrücken und bittest um eine Übersetzung	Comment est-ce qu'on dit ___ en français?
Du fragst nach der Bedeutung eines Wortes/Satzes	Quel est le sens de ce mot/cette phrase?
Du möchtest den Unterschied zwischen zwei Begriffen wissen	Quelle est la différence entre ___ et ___?
Du erklärst etwas anhand eines Beispiels	Prenons par exemple ___.
Dein/e Freund/in hat dir eine etwas merkwürdige Erklärung gegeben, mit der du nicht ganz einverstanden bist	Tu appelles ça «___»?
Du bist erstaunt	Ça alors!
Du findest einen Einwand nicht so wichtig	Mais qu'est-ce que ça peut faire?
Du sollst eine Geschichte weitererzählen, aber du hast den Faden verloren	Où est-ce qu'on en est?

2 GRAMMAIRE

1. Le passé composé

– Alors, David, qu'est-ce que tu **as** fait à Saint-Malo?
– D'abord, je **suis** monté sur les remparts avec Patrick et après nous **sommes** allés sur la plage.

Voilà des verbes qui se conjugent avec **être**:

aller – (re)venir	arriver – (re)partir	rester, tomber,
(r)entrer – (res)sortir	(re)monter – (re)descendre	devenir

2. L'accord du participe passé avec <u>être</u>

♂				♀			
Tu	es	resté	à Rouen, Patrick?	Tu	es	restée	à Rouen, Valérie?
Non, je	suis	parti	en colonie de vacances.	Non, je	suis	partie	à Granville.
Patrick	est	parti	en colonie de vacances.	Valérie	est	partie	à Granville.
David et Mohammed	sont	restés	à Rouen.	Sophie et Nathalie	sont	restées	à la maison.

3 VOCABULAIRE

prendre la fuite	rentrer à l'heure	l'aventure	le marin
gagner du temps	avoir du courage/ de l'imagination	l'excursion	l'île
faire demi-tour		le bateau	le pays
		le canot	

ANHANG

L'ALPHABET Das Alphabet

a [a]	d [de]	g [ʒe]	j [ʒi]	m [ɛm]	p [pe]	s [ɛs]	v [ve]	y [igrɛk]
b [be]	e [ə]	h [aʃ]	k [ka]	n [ɛn]	q [ky]	t [te]	w [dubləve]	z [zɛd]
c [se]	f [ɛf]	i [i]	l [ɛl]	o [o]	r [ɛr]	u [y]	x [iks]	

LES SIGNES ORTHOGRAPHIQUES PARTICULIERS Besondere orthographische Zeichen

´	l'accent aigu	ç	le «c» cédille	la minuscule
`	l'accent grave	'	l'apostrophe	
ˆ	l'accent circonflexe	-	le trait d'union	LA MAJUSCULE

LES SIGNES DANS LA PHRASE Die Zeichen im Satz

.	le point	:	les deux points	!	le point d'exclamation
,	la virgule	( )	les parenthèses (f.)	?	le point d'interrogation
;	le point-virgule	« »	les guillemets (m.)	–	le tiret
		. . .	les points de suspension		

LA TRANSCRIPTION PHONÉTIQUE Die Lautschrift

Les consonnes Die Konsonanten

[b] habiter
[d] danser
[f] français, photo
[g] regarder, guide
[k] cadeau, avec, qui, kilomètre
[l] il
[m] mal
[n] non
[ŋ] camping
[ɲ] campagne
[p] pardon, je m'appelle
[r] rock, bonjour
[s] *stimmloses* «s»: salut, ça, conversation
[z] *stimmhaftes* «s» *tritt nur zwischen zwei Vokalen, als Bindungs*-s *bzw.* -x *oder in der Schreibung* «z» *auf:* Mademoiselle, les‿enfants, six‿heures, zéro
[ʃ] *stimmloses* «sch»: chercher, chat
[ʒ] *stimmhaftes* «sch»: bonjour, géographie
[t] très
[v] vous, arriver

Les voyelles Die Vokale

[a] gare, voilà
[ɑ] là-bas, théâtre
[ɛ] *sehr offenes* «e»: merci, c'est, frère
[e] *geschlossenes* «e»: chez, école, regarder
[ə] *stummes* «e»: je, le, ne, qu'est-ce que
[i] vite, il y a
[o] *geschlossenes* «o»: trop, auteur, hôtel
[ɔ] *offenes* «o»: alors, comment
[ø] *geschlossenes* «ö»: deux, peu
[œ] *offenes* «ö»: sœur, professeur
[u] vous, où
[y] une, musée

Les semi-voyelles Die Gleitlaute

[ɥ] je suis, huit, puis
[j] bien, billet, travailler, fille
[w] moi, oui, chouette

Les voyelles nasales Die nasalierten Vokale

[ɑ̃] encore, enfant, chambre
[ɔ̃] bonjour, nom
[ɛ̃] un, bien, lundi, train, sympathique

LES NOMBRES EN FRANÇAIS Die französischen Zahlen

Grundzahlen	Aussprache	Aussprachevarianten in der Lautkette
0 zéro	[zero]	
1 un	[ɛ̃] *(männlich)*	
une	[yn] *(weiblich)*	
2 deux	[dø]	[døz] *in der Bindung:* deux enfants [døzɑ̃fɑ̃]
3 trois	[trwa],	[trwaz] *in der Bindung:* trois enfants [trwazɑ̃fɑ̃]
4 quatre	[kat]	[katr] *in der Bindung:* quatre enfants [katrɑ̃fɑ̃]
5 cinq	[sɛ̃k]	*vor Konsonanten auch* [sɛ̃]: cinq livres [sɛ̃livr]
6 six	[sis]	[si] *vor Konsonanten:* six livres [silivr]
		[siz] *in der Bindung:* six heures [sizœr]
7 sept	[sɛt].	
8 huit	[ɥit]	[ɥi] *vor Konsonanten:* huit musées [ɥimyze]
9 neuf	[nœf]	*aber:* neuf ans [nœvɑ̃] *und* neuf heures [nœvœr]
10 dix	[dis]	[di] *vor Konsonanten:* dix livres [dilivr]
		[diz] *in der Bindung:* dix heures [dizœr]
11 onze	[ɔ̃z]	
12 douze	[duz]	
13 treize	[trɛz]	
14 quatorze	[katɔrz]	
15 quinze	[kɛ̃z]	
16 seize	[sɛz]	
17 dix-sept	[disɛt]	
18 dix-huit	[dizɥit]	
19 dix-neuf	[diznœf]	*wie bei* neuf
20 vingt	[vɛ̃]	[vɛ̃t] *in der Bindung*
21 vingt et un*	[vɛ̃teɛ̃] *(männlich)*	
vingt et une	[vɛ̃teyn] *(weiblich)*	
22 vingt-deux	[vɛ̃tdø]	*wie bei* deux
30 trente	[trɑ̃t]	
40 quarante	[karɑ̃t]	
50 cinquante	[sɛ̃kɑ̃t]	
60 soixante	[swasɑ̃t]	

* *Bei* 21, 31, 41, 51, 61 *wird der Einer mit* et *an den Zehner gebunden.*
Die nachfolgenden Einer (z. B. 22, 23, 24, . . .*) werden jedoch mit Bindestrich angeschlossen.*

LES JOURS DE LA SEMAINE Die Wochentage

lundi [lɛ̃di]
mardi [mardi]
mercredi [mɛrkrədi]
jeudi [ʒødi]
vendredi [vɑ̃drədi]
samedi [samdi]
dimanche [dimɑ̃ʃ]

LES MOIS DE L'ANNÉE Die Monate des Jahres

janvier [ʒɑ̃vje]
février [fevrije]
mars [mars]
avril [avril]
mai [mɛ]
juin [ʒɥɛ̃]
juillet [ʒɥijɛ]
août [u(t)]
septembre [sɛptɑ̃br]
octobre [ɔktɔbr]
novembre [nɔvɑ̃br]
décembre [desɑ̃br]

Hilfe anbieten/erbitten

Est-ce que je peux t'aider?
Comment est-ce que je peux t'aider?
Qu'est-ce que tu as?
Tu as des problèmes?
Je peux demander à ___.

Est-ce que tu peux m'aider?
J'ai des problèmes avec *l'orthographe.*
Je n'ai pas (assez) de ___, qu'est-ce que je fais?
Tu as un *stylo?*
Tu peux me donner *ton stylo?*

Um Wiederholung bitten

Pardon? Vous parlez trop vite.
Ça va beaucoup trop vite.
Pardon? Je ne comprends pas.
Pardon? Je n'ai pas compris.
On vous entend mal.
J'ai mal entendu.
Est-ce que vous pouvez expliquer ça encore une fois?
Est-ce que vous pouvez répéter, s'il vous plaît?

Um Hinweise oder Erklärungen bitten

Qu'est-ce qu'il faut apprendre?
On a combien de temps?
J'ai encore une question.
Est-ce que vous pouvez expliquer ___?
Je ne comprends pas *le sujet.*
Je n'ai pas compris *les devoirs.*

Je ne comprends pas le mot «___»/la phrase «___».
Comment est-ce qu'on dit «___» en français?
Est-ce qu'on peut aussi dire «___»?
«___», qu'est-ce que c'est en français/en allemand?
«___», qu'est-ce ça veut dire?
Est-ce que vous pouvez expliquer ce mot?

Comment est-ce qu'on écrit «___»?
Est-ce qu'il faut mettre un «*s*»?
Est-ce que ce mot prend un «*s*»?
Est-ce que ce mot commence par un «*c*»?

Où est-ce que c'est?
Vous parlez de quel texte/quelle image?
C'est à quelle page, s'il vous plaît?

Vorschläge erbitten/machen

Qu'est-ce qu'on fait (maintenant/après)?
Vous avez une idée?
On fait un plan de travail?
On continue?

J'ai une idée.
Je voudrais (bien) faire quelque chose.
Faisons un plan de travail!
Moi, je peux faire ___.
Et moi, je fais ___.
On fait ___, d'accord?
On peut aussi faire ___.
On peut parler de ___, discuter de ___.
Recommençons!
Maintenant/D'abord, c'est à toi. Après/Puis, c'est à ___.
Lisons le texte à tour de rôle.

Zustimmen/Zögern

Bien sûr!
C'est vrai.
C'est juste.
Mais oui!
Avec plaisir.
D'accord./Je suis d'accord.
C'est très bien.
Bravo!
Oui, ça m'intéresse.
Pourquoi pas?
C'est une bonne idée.
Ce n'est pas une mauvaise idée.
D'accord, tu as toujours des bonnes idées.
Ça, c'est une idée!

Je ne sais pas.
Bof.
Peut-être.
Ça dépend.
Ce n'est peut-être pas une mauvaise idée.
Oui, mais *j'ai encore des devoirs.*
Bon, d'accord, mais ___.
Ah, c'est bien, mais ___.
Ton idée est intéressante, mais *je n'ai pas le temps.*

Widersprechen/Ablehnen

Ah non!
Ah non alors!
Surtout pas ça.
Ça ne va pas.
Ce n'est pas vrai. – Mais si./Si, bien sûr.
C'est faux.
Je suis contre ___.
Toujours *le foot*!
Encore du *foot*!
J'en ai assez.
La géographie et moi, ça fait deux.

Gegenvorschläge machen

Euh non, moi, je voudrais ___.
Mais on peut aussi ___.
Pourquoi est-ce qu'on ne peut pas ___?

Etwas beurteilen

C'est bien/chouette/super/fantastique.
J'aime bien/beaucoup ___.
Le yoga, j'aime ça.
C'est intéressant/drôle.
Ces dessins sont bons.

C'est (trop) simple.
C'est trop dangereux.

Diskutieren

Qu'est-ce que vous pensez de *mon idée?*
Pourquoi est-ce que vous aimez/préférez ___?

Je voudrais dire quelque chose.
Je trouve ça *juste.*
Je ne trouve pas ça *très juste.*
C'est *très important.*
Ce n'est pas un problème important.

À mon avis, | il faut ___.
| nous faisons beaucoup trop de ___.
| nous ne faisons pas assez de ___.

Ça ne va pas parce que ___.
Ce n'est pas vrai parce que ___.

Ça, c'est une solution!
Voilà (peut-être) la solution du problème: ___.
Écoutez, voilà: ___.

Sich entschuldigen

Pardon, | Monsieur, | je n'ai pas fait exprès.
| Madame, | ce n'est pas ma faute,
| | c'est à cause de ___.

INDICATIONS POUR LES EXERCICES Übungsanweisungen

Choisissez un verbe.	Wählt ein Verb aus.
Complétez les phrases.	Vervollständigt die Sätze.
Complétez par des adverbes.	Ergänzt mit Adverbien.
Complétez si nécessaire.	Ergänzt, falls erforderlich.
Continuez.	Fahrt fort.
Corrigez.	Verbessert.
Décrivez.	Beschreibt.
Devinez.	Ratet.
Discutez.	Diskutiert.
Dites le contraire.	Sagt das Gegenteil.
Donnez les réponses justes.	Gebt die richtigen Antworten.
Écoutez le texte.	Hört euch den Text an.
Écrivez une lettre.	Schreibt einen Brief.
Expliquez.	Erklärt.
Faites des propositions.	Macht Vorschläge.
Faites un dialogue.	Erstellt einen Dialog.
Faites des phrases / devinettes.	Bildet Sätze. / Gebt Rätsel auf.
Faites l'accord.	Gleicht die Wörter an.
Imaginez un dialogue.	Denkt euch einen Dialog aus.
Jouez à deux.	Spielt zu zweit.
Lancez le dé.	Würfelt.
Lisez.	Lest.
Mettez au passé composé.	Setzt ins *passé composé.*
Montrez les villes sur la carte.	Zeigt die Städte auf der Karte.
Notez les infinitifs.	Schreibt die Infinitive auf.
Posez des questions sur le texte.	Stellt Fragen zum Text.
Prenez le rôle de ___.	Übernehmt die Rolle von ___.
Préparez l'exercice en groupe.	Bereitet die Übung in Gruppenarbeit vor.
Présentez les élèves de votre classe.	Stellt die Schüler eurer Klasse vor.
Racontez l'histoire.	Erzählt die Geschichte.
Refaites l'interview.	Stellt das Interview wieder her.
Regardez l'image, page ___.	Seht euch das Bild auf Seite ___ an.
Répétez.	Wiederholt.
Répondez.	Antwortet.
Résumez le texte.	Faßt den Text zusammen.
Retrouvez les mots composés.	Findet die zusammengesetzten Wörter.
Terminez les phrases.	Beendet die Sätze.
Traduisez.	Übersetzt.
Trouvez les réponses.	Findet die Antworten.
Utilisez l'impératif.	Verwendet den Imperativ.

LES VERBES Die Verben

(ê) so gekennzeichnete Verben bilden das passé composé mit être

Les conjugaisons Die Konjugationen

1. Les verbes auxiliaires avoir et être Die Hilfsverben avoir und être

infinitif	avoir		être	
indicatif présent	j'	**ai**	je	**suis**
	tu	**as**	tu	**es**
	il/elle/on	**a**	il/elle/on	**est**
	nous	**avons**	nous	**sommes**
	vous	**avez**	vous	**êtes**
	ils/elles	**ont**	ils/elles	**sont**
passé composé	j'ai **eu**		j'ai **été**	

2. Les verbes réguliers en -er/-ir/-(d)re Die regelmäßigen Verben auf -er/-ir/-(d)re

infinitif	chercher		
indicatif présent	je	cherch**e**	
	tu	cherch**es**	
	il/elle/on	cherch**e**	
	nous	cherch**ons**	
	vous	cherch**ez**	
	ils/elles	cherch**ent**	
passé composé	j'ai cherch**é**		
impératif	cherch**e**! cherch**ons**! cherch**ez**!		

ebenso: adorer, aider, aimer, (ê) arriver, chanter, continuer, couper, danser, décider, déjeuner, demander, deviner, discuter, donner, écouter, (ê) entrer, expliquer, fermer, fêter, fixer, gagner, habiter, intéresser, inviter, jouer, (ê) monter, noter, organiser, parler, passer, penser, raconter, redoubler, regarder, regretter, (ê) remonter, (ê) rentrer, (ê) rester, retrouver, téléphoner, (ê) tomber, tourner, transporter, travailler, traverser, trouver, utiliser, visiter

In der gleichen Weise werden die Verben auf -cer (commencer, lancer) *und* -ger (manger, partager, ranger) *konjugiert; die 1. Pers. Pl. dieser Verben zeichnet sich jedoch durch eine orthographische Besonderheit aus:* nous commen**ç**ons/nous mang**e**ons.

infinitif	acheter		préférer	
indicatif présent	j'	ach**è**te	je	préf**è**re
	tu	ach**è**tes	tu	préf**è**res
	il/elle/on	ach**è**te	il/elle/on	préf**è**re
	nous	achet**ons**	nous	préfér**ons**
	vous	achet**ez**	vous	préfér**ez**
	ils/elles	ach**è**t**ent**	ils/elles	préf**è**r**ent**
passé composé	j'ai achet**é**		j'ai préfér**é**	
impératif	ach**è**te! achet**ons**! achet**ez**!		préf**è**re! préfér**ons**! préfér**ez**!	

infinitif	épeler		(ê) partir	
indicatif présent	j'	épe**ll**e	je	par**s**
	tu	épe**ll**es	tu	par**s**
	il/elle/on	épe**ll**e	il/elle/on	par**t**
	nous	épel**ons**	nous	part**ons**
	vous	épel**ez**	vous	part**ez**
	ils/elles	épe**ll**ent	ils/elles	part**ent**
passé composé	j'ai épel**é**		je suis part**i/e**	
impératif	épe**ll**e! épel**ons**! épel**ez**!		par**s**! part**ons**! part**ez**!	
	ebenso: appeler		*ebenso:* (ê) sortir	

▷

infinitif	attendre	
indicatif	j'	attend**s**
présent	tu	attend**s**
	il/elle/on	attend
	nous	attend**ons**
	vous	attend**ez**
	ils/elles	attend**ent**
passé composé	j'ai attend**u**	
impératif	attend**s**! attend**ons**! attend**ez**!	
	ebenso: (ê) descendre, entendre, rendre, répondre	

3. Les verbes irréguliers Die unregelmäßigen Verben

infinitif	(ê) aller		boire	
indicatif	je	**vais**	je	bois
présent	tu	**vas**	tu	bois
	il/elle/on	**va**	il/elle/on	boit
	nous	**allons**	nous	**buvons**
	vous	**allez**	vous	**buvez**
	ils/elles	**vont**	ils/elles	boi**vent**
passé composé	je suis all**é/e**		j'ai **bu**	
impératif	va! all**ons**! all**ez**!		bois! **buvons**! **buvez**!	

infinitif	dire		écrire	
indicatif	je	dis	j'	écris
présent	tu	dis	tu	écris
	il/elle/on	dit	il/elle/on	écrit
	nous	dis**ons**	nous	écriv**ons**
	vous	di**tes**	vous	écriv**ez**
	ils/elles	dis**ent**	ils/elles	écriv**ent**
passé composé	j'ai **dit**		j'ai écrit	
impératif	dis! dis**ons**! di**tes**!		écris! écriv**ons**! écriv**ez**!	

infinitif	faire		lire	
indicatif	je	fais	je	lis
présent	tu	fais	tu	lis
	il/elle/on	fait	il/elle/on	lit
	nous	fais**ons** [fəzɔ̃]	nous	lis**ons**
	vous	fai**tes**	vous	lis**ez**
	ils/elles	**font**	ils/elles	lis**ent**
passé composé	j'ai fait		j'ai **lu**	
impératif	fais! fais**ons**! fai**tes**!		lis! lis**ons**! lis**ez**!	

infinitif	mettre		ouvrir	
indicatif	je	mets	j'	ouvr**e**
présent	tu	mets	tu	ouvr**es**
	il/elle/on	met	il/elle/on	ouvr**e**
	nous	mett**ons**	nous	ouvr**ons**
	vous	mett**ez**	vous	ouvr**ez**
	ils/elles	mett**ent**	ils/elles	ouvr**ent**
passé composé	j'ai mis		j'ai ouv**ert**	
impératif	mets! mett**ons**! mett**ez**!		ouvr**e**! ouvr**ons**! ouvr**ez**!	
			ebenso: découvrir, offrir	

infinitif	pouvoir		prendre	
indicatif	je	**peux**	je	prend**s**
présent	tu	**peux**	tu	prend**s**
	il/elle/on	**peut**	il/elle/on	prend
	nous	pouv**ons**	nous	pren**ons**
	vous	pouv**ez**	vous	pren**ez**
	ils/elles	**peuvent**	ils/elles	pren**nent**
passé composé	j'ai **pu**		j'ai **pris**	
impératif	(kein Imperativ!)		prend**s**! pren**ons**! pren**ez**!	
			ebenso: apprendre, comprendre	

infinitif	(ê) venir		voir	
indicatif				
présent	je	**viens**	je	vois
	tu	**viens**	tu	vois
	il/elle/on	**vient**	il/elle/on	voit
	nous	ven**ons**	nous	vo**y**ons
	vous	ven**ez**	vous	vo**y**ez
	ils/elles	**viennent**	ils/elles	voi**ent**
passé composé	je suis ven**u/e**		j'ai **vu**	
impératif	**viens**! ven**ons**! ven**ez**!		vois! vo**y**ons! vo**y**ez!	
	ebenso: (ê) devenir, (ê) revenir			

infinitif	vouloir		
indicatif			
présent	je	**veux**	
	tu	**veux**	
	il/elle/on	**veut**	
	nous	voul**ons**	
	vous	voul**ez**	
	ils/elles	**veulent**	
passé composé	j'ai voul**u**		

Ferner gibt es die unpersönliche Form **il faut** *und ihre Entsprechung* **il a fallu** *im* passé composé.

Les verbes et leurs compléments

Verben und ihre Ergänzungen

Diese Liste gibt dir Auskunft über
- die Verben, die du in ÉTAPES 1 kennengelernt hast;
- die Ergänzungen, die zu diesen Verben in ÉTAPES 1 vorgekommen sind;
- Verben, bei denen die adverbiale Bestimmung allein (d. h. ohne weitere Ergänzungen) stehen kann.

	KEINE ERGÄNZUNG	DIREKTES OBJEKT	INDIREKTES OBJEKT MIT À ODER DE	DIREKTES + INDIREKTES OBJEKT	ADVERBIALE BESTIMMUNG
A					
acheter		acheter *un livre*			
adorer		adorer *la montagne*			
aider		aider *sa mère*			aider *à la cuisine*
aimer		aimer *la campagne* ~ *danser*			
aller					aller *en France* ~ *à Rouen* ~ *chez Valérie*
appeler		appeler *son copain*			
apprendre		apprendre *le français*			
arriver	J'arrive!				arriver *à la maison*
attendre	On attend.	attendre *sa sœur*			attendre *devant le cinéma*
avoir		avoir *une idée*			
B					
boire	Je bois.	boire *une limonade*			

▷

	keine Ergänzung	direktes Objekt	indirektes Objekt mit à oder de	direktes + indirektes Objekt	adverbiale Bestimmung
C					
chercher		chercher *la gare*			
commencer	Le film commence.	commencer *son travail*	commencer *par un «c»*		
comprendre	Je comprends.	comprendre *le sujet*			
continuer	On continue?	continuer *son travail*			continuer *tout droit*
couper		couper *le pain*			
D					
danser	On danse?	danser *le rock*			danser *dans un club*
décider	Qui décide?	décider *le jour du départ*			
découvrir		découvrir *un blockhaus*			
déjeuner	Ils déjeunent.				déjeuner *à la cantine*
demander		demander *un morceau de gâteau*		demander *un cahier à son ami*	
descendre	Tu descends?				descendre *dans la rue*
deviner		deviner *la suite*			
dire		dire *merci*		dire *bonjour au professeur*	
discuter	Nous discutons.		discuter *de l'école*		
donner				donner *un cadeau à sa tante*	
E					
écouter	J'écoute!	écouter *une cassette*			
écrire	On écrit.	écrire *une lettre*	écrire *à sa mère*	écrire *une lettre à sa correspondante*	
entendre		entendre *un bruit*			
entrer	Vous entrez?				entrer *au lycée*
épeler	Tu épelles?	épeler *son nom*		épeler *un mot à son copain*	
espérer		espérer *partir*			
être					être *chez Valérie*
expliquer		expliquer *un problème*		expliquer *le sujet aux élèves*	
F					
faire		faire *la cuisine*		faire *une bise à sa cousine*	
fermer		fermer *la porte*			
fêter		fêter *son anniversaire*			
fixer		fixer *des écouteurs*			

	Keine Ergänzung	direktes Objekt	indirektes Objekt mit à oder de	direktes + indirektes Objekt	adverbiale Bestimmung
G					
gagner	Nous gagnons.	gagner *un billet*			
H					
habiter					habiter *près de la gare*
I					
intéresser		intéresser *les élèves*			
inviter		inviter *ses amis*			
J					
jouer	Ils jouent.		jouer *de la guitare* ~ *au volley*		jouer *dans un club*
L					
lancer		lancer *un ballon*			
lire	Elle lit.	lire *un livre*			
M					
manger	Il mange.	manger *un sandwich*			
mettre		mettre *une robe*			
monter	Vous montez?				monter *aux arbres*
N					
noter	Je note.	noter *des progrès*			
O					
offrir				offrir *un livre à ses parents*	
organiser		organiser *une fête*			
ouvrir		ouvrir *la porte*		ouvrir *la porte à son ami*	ouvrir *à une heure*
P					
parler	Il parle encore.		parler *aux élèves*		
partager		partager *une chambre*			
partir	On part?				partir *à midi*
passer		passer *l'aspirateur*			passer *chez son copain* ~ *en quatrième*
penser	Je pense.		penser *à ses cousins*		
pleurer	Il pleure.				
					pouvoir *aider*
préférer		préférer *le sport* ~ *discuter*			
prendre		prendre *une limonade*			

▷

	keine Ergänzung	direktes Objekt	indirektes Objekt mit à oder de	direktes + indirektes Objekt	adverbiale Bestimmung
R					
raconter		raconter *une histoire*		raconter *une histoire à ses parents*	
ranger	On va ranger.	ranger *l'appartement*			
recommencer	On recommence?	recommencer *son travail*			
redoubler	Je redouble.	redoubler *une classe*			
regarder		regarder *son frère*			
regretter	Je regrette.	regretter *ses fautes*			
rendre		rendre *une rédaction*		rendre *les rédactions aux élèves*	
rentrer	On rentre?				rentrer *à la maison*
répondre	Il va répondre.				
rester					rester *à table*
S					
sortir	On sort.				sortir *de la maison*
T					
téléphoner	Elle téléphone.		téléphoner *à ses parents*		
tomber	Tu vas tomber.				
tourner					tourner *à gauche*
transporter		transporter *du bois*			
travailler	Je travaille.				travailler *à la poste*
traverser		traverser *la rue*			
trouver		trouver *un stylo*			
U					
utiliser		utiliser *un couteau*			
V					
venir	On vient.				venir *en bus* ~ *à pied*
visiter		visiter *la ville*			
voir		voir *ses parents*			
vouloir		vouloir *un ordinateur* ~ *sortir*			

UNITÉ 5 B

MME CALVET: Regarde ta chambre, Valérie . . . Jérôme, tu es encore dans la salle de bains!
JÉRÔME: Maman, tu préfères ton fils avec ou sans moustache?
MME CALVET: Oh, Jérôme . . .
MME CALVET: Écoutez, votre désordre, votre désordre, c'est . . .
VALÉRIE: Notre désordre?
MME CALVET: Eh bien, vos chambres ne sont pas très grandes et alors votre désordre, c'est une catastrophe . . . Rangez vos chambres, s'il vous plaît, et vite!
VALÉRIE: Mais enfin, maman, ce sont nos chambres et c'est notre désordre. Alors, c'est notre problème!
MME CALVET: Tu trouves? Alors, va dans la cuisine: il y a encore des bols sur la table . . . et dans la salle de séjour, il y a des journaux sous la table, des livres sur la télé . . .
VALÉRIE: Et papa derrière son journal!
MME CALVET: Valérie! Ton père travaille et il rentre tard. Alors, vous aussi, vous pouvez faire quelque chose! . . . Bon, après tes devoirs, tu ranges ta chambre et la cuisine, d'accord? Et toi, Flo, mets le couvert, s'il te plaît.
FLORENCE: Je travaille, maman! Qu'est-ce qu'il fait Jérôme?
VALÉRIE: Il regarde sa moustache!
MME CALVET: Écoute, Valérie . . . Dans un appartement, l'ordre est important . . .
VALÉRIE: Oui, il est important, mais maman, c'est toujours comme ça: Les filles, vous pouvez ranger? Les filles, vous pouvez mettre le couvert? Et LE GARÇON? Qu'est-ce qu'il fait, le garçon? Monsieur Jérôme est devant son ordinateur, dans la salle de bains ou sur son lit avec un livre de poésie!
JÉRÔME: Elle est importante, la poésie . . .
VALÉRIE: D'accord, mais tu peux mettre aussi le couvert?!
JÉRÔME: C'est un travail de filles!
VALÉRIE: Non, mais ça va bien, toi?! Un travail de filles!!!
MME CALVET: Oh là là . . . Mais vous avez quel âge? 8 ans? 6 ans? Enfin, vous êtes grands, maintenant!
JÉRÔME: Ça va, ça va, maman . . . Faites vos devoirs, Mesdemoiselles. Moi, je mets le couvert et je range la cuisine!

(entspricht inhaltlich dem Text der Zeilen 7-35 auf S. 46)

UNITÉ 7 C

VALÉRIE: Écoute, Mohammed, moi, je suis bonne en français, mais nulle en maths. J'ai une idée: je t'aide en français et tu m'aides en maths.
MOHAMMED: Tu es sympa, Valérie . . .
VALÉRIE: Et toi, David, tu l'aides en allemand, d'accord?
DAVID: Je veux bien, mais quand?
VALÉRIE: Eh bien, il faut trouver un jour, je ne sais pas moi . . . Le mercredi peut-être . . .

(mögliches Ende des Textes auf S. 68)

UNITÉ 8 C

– Anne, tu es interne dans un collège de Rouen. Pourquoi interne?
– Parce que mes parents travaillent sur une péniche. Ils restent deux ou trois jours dans un port, et c'est tout.
– Alors, tu ne les vois pas souvent?
– Oh, une ou deux fois par mois et pour les vacances.
– Tu passes tes vacances sur leur péniche?
– Oui, je passe un mois, ou un mois et demi sur la péniche et après, on part ensemble à la mer.
– Et cette vie sur une péniche, tu aimes ça?
– Oui, assez . . . enfin, disons, pour les vacances. Je lis beaucoup, et le soir dans les ports, je retrouve des copains . . . leurs parents travaillent aussi sur des péniches.
– Mais après l'école, à 18 ou 20 ans, tu veux habiter sur une péniche pour toujours?
– Hum . . . je ne sais pas . . . Mon père, il aime bien son travail et ma mère . . . elle l'aide beaucoup; mais il y a aussi le travail comme dans une maison . . . ça ne m'intéresse pas trop . . . Bon, et moi, je voudrais avoir un vrai jardin . . . Ma mère, elle a trois ou quatre pots de fleurs, mais quatre pots de fleurs, ça ne fait pas un jardin! Et puis, une péniche, c'est trop petit. Dans un appartement, vous ouvrez la porte et vous sortez! Mais là? Vous faites le tour de la péniche, et c'est tout!

(entspricht inhaltlich dem Text der Zeilen 8-28 auf S. 78)

Geographische Namen

1. Frankreich

AMIENS [amjɛ̃], 135.000 Einwohner
130 km nördlich von Paris. Industrie- und Universitätsstadt, Kathedrale.

ANNECY [ansi], 50.000 Einwohner
Stadt im Norden der französischen Alpen. Elektronik- und Atomindustrie.

ARDÈCHE [ardɛʃ]
1. Rechter Nebenfluß der Rhône.
2. Verwaltungsbezirk am Ostrand des Zentralmassivs.

BOVES [bɔv], 3.000 Einwohner
Ort 9 km südöstlich von Amiens. Festungsruine aus dem 12. Jahrhundert.

CASSIS [kasis], 6.000 Einwohner
Ort östlich von Marseille an der Mittelmeerküste. Fischerhafen und Badeort.

CLERMONT-FERRAND [klɛrmɔ̃fɛrɑ̃], 150.000 Einwohner
390 km südlich von Paris; größte Stadt der Auvergne. Zentrum der französischen Gummi- und Reifenindustrie.

DINAN [dinɑ̃], 14.000 Einwohner
Kleine bretonische Stadt südlich von Saint-Malo, mit altem Schloß, mittelalterlicher Stadtmauer und sehenswerten Häusern aus dem 15. und 16. Jahrhundert. Textil- und Elektronikindustrie.

DOMRÉMY-LA-PUCELLE [dɔ̃remilapysɛl], 200 Einwohner
Ort südwestlich von Nancy. Geburtsort von Jeanne d'Arc.

HAGUENAU [agno], 30.000 Einwohner
Stadt 30 km nördlich von Strasbourg. Industrie- und Handelszentrum.

LES LANDES [lelɑ̃d], (la lande = *die Heide*)
Großes Gebiet im Südwesten Frankreichs (15.000 km^2) an der Atlantikküste zwischen der Garonne und der Adour-Mündung bis 130 km ins Landesinnere. Seit dem 19. Jahrhundert wurden hier Kiefern angepflanzt; so entstand der größte Kiefernwald Westeuropas.

MARSEILLE [marsɛj], 870.000 Einwohner
Zweitgrößte Stadt Frankreichs, an der Mittelmeerküste. Größte französische Hafenstadt.

NANCY [nɑ̃si], 96.000 Einwohner
Stadt in Lothringen, 280 km östlich von Paris. Industrie-, Handels- und Kulturzentrum.

NANTES [nɑ̃t], 247.000 Einwohner
Industrie- und Hafenstadt an der Loire, 55 km oberhalb ihrer Mündung in den Atlantik. Hauptindustriezweig: Schiffs- und Maschinenbau.

PARIS [pari], 2.175.000 Einwohner
Hauptstadt Frankreichs, politisches, wirtschaftliches und kulturelles Zentrum des Landes. In Paris und den angrenzenden Städten wohnt etwa ein Fünftel der französischen Bevölkerung. Bekannte Sehenswürdigkeiten: die gotische Kathedrale Notre-Dame, der Louvre, der Eiffelturm.

LES PYRÉNÉES [lepirene]
Gebirgskette zwischen Frankreich und Spanien; reicht von der Atlantikküste bis zum Mittelmeer.

SAINT-RAPHAËL [sɛ̃rafaɛl], 24.000 Einwohner
Badeort an der französischen Mittelmeerküste, östlich von Marseille.

LA SEINE [lasɛn]
Französischer Fluß (776 km), entspringt im Burgund, durchquert Paris und mündet bei Le Havre in den Ärmelkanal.

SAINT-MALO [sɛ̃malo], 47.000 Einwohner
Stadt an der bretonischen Nordküste. Kleiner Fischerei- und Handelshafen. Wegen des historischen Stadtbildes (z. B. Stadtmauer aus dem 12. Jahrhundert) sehr beliebtes Reiseziel.

STRASBOURG [strazbur], 250.000 Einwohner
Größte Stadt im Elsaß. Hier tagen der Europarat und das Europaparlament. Wichtiges Handels- und Industriezentrum. Kathedrale.

TOURS [tur], 137.000 Einwohner
Stadt an der Loire, 225 km südwestlich von Paris. Wichtige Handels- und Universitätsstadt, Zentrum des Fremdenverkehrs im Tal der Loire. Kathedrale.

VALLET [valɛ], 6.000 Einwohner
Ort östlich von Nantes. Weinbau.

VERSAILLES [vɛrsaj], 95.000 Einwohner
Stadt 15 km westlich von Paris. Im Schloß von Versailles wohnten die französischen Könige von 1682 bis zur Revolution 1789. Die Schloßanlage mit dem berühmten Spiegelsaal wird im Jahr von drei Millionen Menschen besucht.

2. Die Normandie

LA NORMANDIE [lanɔrmɑ̃di], 3 Millionen Einwohner
Provinz im Nordwesten Frankreichs, an der Küste des Ärmelkanals. Die Normandie besteht aus zwei Regionen: der *Haute-Normandie* (Hauptstadt Rouen) und der *Basse-Normandie* (Hauptstadt Caen). Die Provinz hat ihren Namen von den Normannen, die sie im Jahre 911 durch Vertrag erwarben.
Die größeren Städte sind Industriezentren: Rouen, Caen, Le Havre (zweitgrößter französischer Hafen). Daneben hat die Normandie aber auch eine bedeutende Landwirtschaft und, besonders an der Küste, interessante touristische Anziehungspunkte. Berühmt ist die Steilküste von Dieppe bis Étretat, die bis zu 120 Meter ins Meer abfällt.

Caen [kɑ̃], 117.000 Einwohner
Stadt 250 km westlich von Paris in Küstennähe. Handels- und Industriestadt.

Canteleu [kɑ̃tlø], 16.000 Einwohner
Ort im Westen von Rouen.

Cherbourg [ʃɛrbur], 30.000 Einwohner
Stadt an der Nordküste der Halbinsel Cotentin. Handels- und Kriegshafen, Werften.

Coutainville [kutɛ̃vil], 2.000 Einwohner
Badeort am Ärmelkanal nördlich von Granville.

Croisset [krwasɛ]
Ortsteil von Canteleu. Hier wohnte der Schriftsteller Flaubert von 1844 bis zu seinem Tode 1880. In seinem Haus wurde ein Museum eingerichtet.

La Forêt de Brotonne [lafɔrɛdəbrotɔn]
Seit 1974 Naturpark, 30 km westlich von Rouen.

Granville [grɑ̃vil], 15.000 Einwohner
Badeort an der Küste der Halbinsel Cotentin.

Honfleur [ɔ̃flœr], 8.500 Einwohner
Stadt an der Küste des Ärmelkanals und an der Seinemündung. Fischereihafen und Badeort.

Jumièges [ʒymjɛʒ], 1.600 Einwohner
Ort 28 km westlich von Rouen, im Brotonne-Park. Die Abtei von Jumièges wurde 654 gegründet, 857 von den Normannen zerstört, im 10. Jahrhundert wieder aufgebaut. Es bestehen noch eindrucksvolle Reste des Gebäudes.

Maromme [marɔm], 12.000 Einwohner
Ort im Nordwesten von Rouen.

Petit Quevilly [p(ə)tikəviji], 23.000 Einwohner
Stadt im Westen von Rouen.

Rouen [rwɑ̃], 102.000 Einwohner
Größte Stadt der Normandie, an der Seine gelegen, 125 km nordöstlich von Paris. Seit dem Altertum bedeutender Handelsplatz, dessen Besitz zwischen England und Frankreich im Mittelalter lange umstritten war. In Rouen wurde Jeanne d'Arc 1431 verurteilt und verbrannt.
An der bis heute bedeutenden Hafen- und Industriestadt (Metallverarbeitung, Schiffbau, chemische und Nahrungsmittelindustrie) sind die wirtschaftlichen Krisen des 20. Jahrhunderts nicht spurlos vorbeigegangen.
Die Altstadt von Rouen wird von der Kathedrale (13. bis 16. Jahrhundert) und vielen anderen mittelalterlichen Gebäuden geprägt, darunter die berühmte „Große Uhr" (le Gros Horloge) und die Kirche Saint-Ouen.

Saint-Lô [sɛ̃lo], 25.000 Einwohner
Kleinere Handels- und Industriestadt 30 km westlich von Rouen.

Yainville [jɛ̃vil], 1.200 Einwohner
Ort an der Seine, 4 km nördlich von Jumièges.

3. Andere französischsprachige Länder

Alger [alʒe], ca. 2 Millionen Einwohner
Hauptstadt, Kultur- und Wirtschaftszentrum der in Nordafrika gelegenen Volksrepublik Algerien. Wichtiger Hafen des Landes. Algerien war von 1830 bis 1962 französische Kolonie.

Montréal [mɔ̃real], 2.865.900 Einwohner
Größte Stadt der kanadischen Provinz Québec, Industrie- und Handelszentrum am Sankt-Lorenz-Strom.

Personen

Astérix [asteriks]
Figur einer bekannten französischen Comic-Serie, die seit 1959 erscheint. Die Texte wurden von R. Goscinny (1926 – 1977) geschrieben; die Zeichnungen stammen von A. Uderzo (geb. 1927).

Brassens, Georges [brasɛ̃s ʒɔrʒ], (1921 – 1981)
Französischer Chanson-Autor und Sänger.

De Gaulle, Charles [dəgol ʃarl], (1890 – 1970)
Französischer General und Politiker, eine der führenden Persönlichkeiten des Widerstands gegen die deutsche Besatzung Frankreichs. Regierungschef von 1944 bis 1946, Staatspräsident von 1958 bis 1969. De Gaulle begründete die Verfassung der V. Republik, die noch heute gilt und den Staatspräsidenten mit großen Machtbefugnissen ausstattet.

Desnos, Robert [dɛsnɔs rɔbɛr], (1900 – 1945)
Französischer Lyriker, schloß sich während der deutschen Besatzung Frankreichs dem Widerstand an. Er starb nur wenige Tage nach seiner Befreiung aus dem Konzentrationslager Theresienstadt.

Flaubert, Gustave [flobɛr gystav], (1821 – 1880)
Französischer Schriftsteller des 19. Jahrhunderts. In Rouen als Sohn eines Chirurgen geboren, galt er als wenig begabter Schüler. Nach einem abgebrochenen Jurastudium widmete er sich gänzlich dem Schreiben und verfaßte bedeutende Romane wie *Madame Bovary* (1857). In diesem Roman berichtet er vom Leben einer Arztfrau, die an der Enge und Langeweile des Provinzlebens zugrunde geht.

Jeanne d'Arc [ʒandark], (1412 – 1431)
Französische Nationalheldin; unter ihrer Führung gelang 1429 die Befreiung von Orléans von der englischen Belagerung. 1430 wurde sie gefangengenommen, den Engländern ausgeliefert, von einem Inquisitionsgericht in Rouen zum Tode verurteilt und verbrannt. 1920 wurde sie heilig gesprochen; ihr Feiertag ist der Sonntag nach dem 8. Mai. Viele Dichter haben ihr Schicksal dargestellt, darunter Friedrich Schiller (*Die Jungfrau von Orleans*, 1801).

La Fontaine, Jean de [lafɔ̃tɛn ʒɑ̃də], (1621 – 1695)
Französischer Dichter, berühmt durch seine Fabeln und Erzählungen in Gedichtform.

Marianne [marjan]
Seit 1792 Symbol für die französische Republik. Ein Abbild von „Marianne" ist in jedem Rathaus Frankreichs zu finden.

Milou [milu]
Der Hund des Comic-Helden Tintin (s.d.). ▷

Napoléon Bonaparte [napoleɔ̃bɔnapart], (1769 – 1821)
Als General der Republik reißt er 1799 die Staatsführung an sich und läßt sich 1804 zum Kaiser krönen. Nach militärischen Niederlagen muß er 1815 zurücktreten und wird verbannt.

Prévert, Jacques [prevɛr ʒak], (1900 – 1977)
Französischer Schriftsteller, schrieb Theaterstücke, Drehbücher, Gedichte und Chansons.

Renaud [rəno], (geb. 1952)
Französischer Popsänger.

Rimbaud, Arthur [rɛ̃bo artyr], (1854 – 1891)
Französischer Dichter. Alle seine Gedichte entstanden vor seinem 19. Lebensjahr.

Surcouf, Robert [syrkuf rɔbɛr], (1773 – 1827)
wurde im Alter von 13 Jahren Schiffsjunge, mit 20 war er bereits Kapitän und Schiffseigner. Lebte vom Sklavenhandel und, ab 1795, von Beutezügen gegen die englische Handelsmarine.

Tintin [tɛ̃tɛ̃]
Bekannte Comic-Figur, 1929 von dem Belgier Hergé erfunden.

Tournier, Michel [turnje miʃɛl], (geb. 1924)
Französischer Schriftsteller, Autor von Romanen und Novellen.

VOCABULAIRE Vokabular

Symbole und Abkürzungen:

~ bezeichnet die Lücke, in die das neue Wort einzusetzen ist.
* bezeichnet Lücken, bei denen auf Angleichungen zu achten ist
= bezeichnet Wörter und Wendungen mit gleicher oder ähnlicher Bedeutung
bezeichnet Wörter und Wendungen mit gegensätzlicher Bedeutung
(ê) bedeutet, daß das entsprechende Verb im passé composé mit être konjugiert wird

f.:	feminin	*Sg.:*	Singular	*jdm.:*	jemandem	*qc.:*	quelque chose
m.:	maskulin	*Pl.:*	Plural	*jdn.:*	jemanden	*qn.:*	quelqu'un
Pers.:	Person	*umgs.:*	umgangssprachlich				

Bonjour! [bɔ̃ʒur]		Guten Tag! *auch:* Guten Morgen!
Bonjour, Madame! [madam]		
Bonjour, Monsieur! [məsjø]		Guten Tag!/Guten Morgen/
Madame		*Anrede für eine Dame*
Monsieur		*Anrede für einen Herrn*
Salut! [saly]		Grüß dich! Hallo! *auch:* Tschüß!
C'est toi? [sɛtwa]		Bist du es?
oui [wi]		ja
c'est moi [sɛmwa]	C'est toi, Jacques? – Oui, ~.	ich bin's
non [nɔ̃]	# oui	nein
je m'appelle [ʒəmapɛl]	C'est toi, Patrick? – Non, ~ Jacques.	ich heiße
alors [alɔr]		also, dann
qui est-ce [kiɛs]	Sophie Dufour, ~?	wer ist das?
qui [ki]		wer
au revoir [ɔrvwar]		Auf Wiedersehen!

UNITÉ 1 A

voilà [vwala]	~ Patrick.	da ist/sind
vite [vit]	Alors, Valérie! ~!	schnell
à la gare [alagar]	Vite, ~!	zum Bahnhof!
la gare [lagar]		der Bahnhof
Monsieur Calvet [məsjøkalvɛ]	Voilà ~.	Herr Calvet
le père [ləpɛr]		der Vater
de [də]	Voilà, Monsieur Calvet, le père ~ Valérie.	von
et [e]	Voilà Patrick ~ Jacques.	und

1 A

le frère [ləfrɛr]	Et voilà Jérôme, le ~ de Valérie.	der Bruder
la sœur [lasœr]	Et voilà Florence, la ~ de Valérie.	die Schwester
enfin [ɑ̃fɛ̃]		endlich
la photo [lafɔto]		das Foto
merci [mɛrsi]	Au revoir et ~.	danke
maman [mamɑ̃]		Mama
Madame Calvet		Frau Calvet
la mère [lamɛr]	Voilà Madame Calvet, la ~ de Valérie.	die Mutter
c'est [sɛ]	Qui est-ce? – ~ Valérie.	das ist
la correspondante [lakɔrɛspɔ̃dɑ̃t]	C'est Nicole, la ~ de Valérie.	die Brieffreundin
le correspondant [ləkɔrɛspɔ̃dɑ̃]		der Brieffreund

EXERCICES

le bar-tabac [ləbartaba]		*kleines Lokal, in dem man auch Tabakwaren und Briefmarken kaufen kann*
le tabac [lətaba]		der Tabak, *hier:* der Tabakladen
le café [ləkafe]		*hier:* das Lokal
le musée [ləmyze]		das Museum
le garage [ləgaraʒ]		die Werkstatt
le taxi [lətaksi]		das Taxi
le restaurant [lərɛstorɑ̃]		das Restaurant
la presse [laprɛs]		die Presse, *hier: Laden, in dem Zeitungen verkauft werden*

B

vous arrivez [vuzarive]		ihr kommt (an)/kommt ihr?
vous [vu]		ihr, *auch:* Sie
le train [lətrɛ̃]		der Zug
regardez [rəgarde]		seht!
la blonde [lablɔ̃d]	Sophie, qui est-ce? – C'est ~.	die Blonde, die Blondhaarige
le blond [ləblɔ̃]		der Blonde, der Blondhaarige
là-bas [labɑ]	Le blond, ~, c'est Patrick.	dort, da (drüben)
papa [papa]	Merci, ~.	Papa
je suis [ʒəsɥi]		ich bin
je	~ suis Jérôme.	ich
mon [mɔ̃]	Voilà ~ père et	mein *Sg.*
ma [ma]	~ sœur Florence.	meine *Sg.*
mais [mɛ]		aber
euh [ø]		äh *nach Worten suchend*
toi, tu es [twatyɛ]		du bist/bist du? *betont*
tu	~ es le frère de Valérie?	du
bien [bjɛ̃]	Tu es ~ Nicole?	*hier:* doch, wohl
pardon [pardɔ̃]	Oh, ~, Madame!	Verzeihung! Entschuldigung!
Mademoiselle [madmwazɛl]		Fräulein, *Anrede für ein Mädchen*
je cherche [ʒəʃɛrʃ]	~ la gare.	ich suche
la famille [lafamij]	Pardon, je cherche la ~ Calvet.	die Familie
vous, vous êtes [vuvuzɛt]		Sie sind/sind Sie? *betont*

UNITÉ 2 A

chez [ʃe]	Je suis ~ Valérie.	bei
à la maison [alamɛzɔ̃]	Tu es ~?	zu Hause
la maison [lamɛzɔ̃]		das Haus
là [la]	~, qui est-ce? – C'est Valérie.	da, dort
la salle de séjour [lasaldəseʒur]		das Wohnzimmer
ici [isi]	# là	hier
la chambre [laʃɑ̃br]	Voilà la ~ de M. et Mme Calvet.	das Zimmer
où [u]	Jérôme, tu es ~?	wo
dans [dɑ̃]	Tu es ~ la salle de séjour?	in
la cuisine [lakɥizin]	– Non, je suis dans la ~.	die Küche
avec [avɛk]	Je suis ici ~ Jérôme.	mit

▷

2 A	**le chat** [ləʃa]	Bigoudi, c'est le ~ de Valérie.	die Katze
	la salle de bains [lasaldəbɛ̃]		das Bad(ezimmer)
	les toilettes [letwalɛt] *f.*		das WC
	bien		*hier:* schön
	tu partages [typartaʒ]	~ la chambre avec Valérie.	du teilst
	comment? [kɔmɑ̃]		wie (bitte)?
	tu parles [typarl]		du sprichst
	trop [tro]	Tu parles ~ vite.	zu
	c'est vrai? [sɛvrɛ]		*hier:* (stimmt das) wirklich?
	vrai		wahr
	je parle [ʒəparl]	~ avec ma sœur.	ich spreche
	un peu [ɛ̃pø]	Je parle trop vite? – Oui, ~.	ein wenig
	d'accord [dakɔr]		einverstanden
	super [sypɛr]		super
	regarde! [rəgard]		sieh!
	oh là là [olala]		ach je!
	c'est qui [sɛki]		wer ist das?
	l'ami [lami] *m.*	Antoine, c'est l'~ de Florence.	der Freund
	l'amie [lami] *f.*		die Freundin
B	**tu habites** [tyabit]		du wohnst/wohnst du?
	Bonsoir! [bɔ̃swar]		Guten Abend!
	ça va? [sava]	Bonsoir, Antoine, ~?	wie geht's (dir)?
	pas trop mal [pɑtromal]		es geht so
	très [trɛ]	Et toi, ça va? – ~ bien, merci.	sehr
	comme toujours [kɔmtuʒur]	Ça va, Jérôme? – Oui, oui, ~.	wie immer
	vous écoutez [vuzekute]		ihr hört
	chouette [ʃwɛt]		klasse! prima!
	Est-ce que tu parles français? [ɛskətyparlfrɑ̃sɛ]		Sprichst du Französisch?
	allemand [almɑ̃]	Vous parlez ~, Madame?	Deutsch
	aussi [osi]	Vous parlez ~ français?	auch
	à Rouen [arwɑ̃]	Tu habites aussi ~?	in Rouen
	j'habite rue de France [ʒabitrydfrɑ̃s]		ich wohne in der *rue de France*
	la rue [lary]		die Straße
	près d'ici [prɛdisi]		nicht weit von hier, in der Nähe
	près de	Neuss, c'est ~ Düsseldorf.	in der Nähe von, unweit von
	en Allemagne [ɑ̃nalmaɲ]	Düsseldorf, c'est ~.	in Deutschland
	ah bon [abɔ̃]		ach so!
	la géographie [laʒeografi] **et toi, ça fait deux** [safɛdø]		die Geographie und du, das ist zweierlei
	Comment allez-vous? [kɔmɑ̃talevu]	Bonsoir, Madame. ~?	Wie geht es Ihnen? *auch:* Wie geht es euch?
EXERCICES	**anglais** [ɑ̃glɛ]		Englisch
	italien [italjɛ̃]		Italienisch
	turc [tyrk]		Türkisch
	allô [alo]		hallo *beim Telefongespräch In Frankreich meldet sich die angerufene Person nicht mit ihrem Namen, sondern mit «allô».*
C	**c'est bien, Rouen?**		*hier:* Gefällt dir Rouen?
	l'Hôtel de Ville [lotɛldəvil] *m.*		das Rathaus
	la grand-mère [lagrɑ̃mɛr]	Voilà Mme Genêt, la ~ de Valérie.	die Großmutter
	le grand-père [ləgrɑ̃pɛr]		der Großvater
	il y a [ilja]	Est-ce qu'~ un Hôtel de Ville à Croisset?	es gibt, es ist/sind
	un [ɛ̃]		ein
	le parc [ləpark]		der Park
	et puis [epɥi]		und außerdem

2 C

la ville [lavil]	Rouen, c'est la ~ de Flaubert.	die Stadt
l'auteur [lotœr]	Flaubert, c'est l'~ de «Madame Bovary».	der/die Autor/in, der/die Verfasser/in
le musée [ləmyze]	À Rouen, il y a un ~ Flaubert.	das Museum
Place du Vieux Marché [plasdyvjømarʃe]		*hier:* am Platz des Alten Marktes
la place		der Platz
une [yn]		eine
une université [ynyniversite]		eine Universität
Qu'est-ce que c'est? [kɛskəsɛ]		Was ist das?
qu'est-ce que [kɛskə]		was
le lac [ləlak]	Le Ruhrstausee, c'est un ~.	der See
le centre [ləsɑ̃tr]	J'habite dans le ~.	das Zentrum

UNITÉ 3 A

la fête [lafɛt]		das Fest, die Fete
la cinquième 2 organise [lasɛ̃kjɛmdøɔrganiz]		die 7b/die Quarta organisiert/veranstaltet *Bei den Bezeichnungen der einzelnen Klassen zählt man im Französischen – nach unserem Verständnis – rückwärts: Die «sixième» (die Sechste) entspricht auch im Deutschen der 6. Klasse; es folgt die «cinquième» (die Fünfte) = 7. Klasse.*
le/la cinquième		der/die fünfte
le professeur de français [ləprɔfɛsœr]	Qui est M. Martin? – C'est le ~ de la cinquième 2.	der/die Französischlehrer/in *Bezeichnung für Lehrer an weiterführenden Schulen, während die Vorschul- und Grundschullehrer «instituteur» bzw. «institutrice» genannt werden.*
les [le]		die *Pl.*
un/e élève [ɛ̃nelɛv; ynelɛv]		ein/e Schüler/in
la classe [laklas]	La cinquième 2, c'est la ~ de Valérie.	die Klasse
un/e artiste [ɛ̃nartist; ynartist]		ein/e Künstler/in
elle chante [ɛlʃɑ̃t]		sie singt
elle [ɛl]	Sophie, c'est une artiste. ~ chante très bien!	sie *3. Pers. Sg*
elle joue [ɛlʒu]		sie spielt
le groupe de rock [ləgrupdərɔk]		die Rockgruppe
le rock		die Rockmusik, der Rock 'n' Roll
il est [ilɛ]		er ist
il [il]	Je cherche M. Martin. – ~ est ici.	er
le club (de) photo [ləklœb(də)fɔto]	David est dans un ~.	der Fotoklub, die Foto-AG
il fait [ilfɛ]	~ une photo de Valérie.	er macht
drôle [drol]	David est très ~:	lustig, komisch
le clown [ləklun]	Il fait toujours le ~.	der Clown
le club de foot [ləklœbdəfut]		der Fußballverein
le foot		der Fußball *als Sportart*
il gagne [ilgaɲ]		er gewinnt
souvent [suvɑ̃]	Valérie parle ~ de Nicole.	oft, häufig
le champion/la championne [ləʃɑ̃pjɔ̃; la ʃɑ̃pjɔn]	Patrick, c'est un ~ de foot.	der Crack, der Champion
arabe [arab]		Arabisch *Ca. 8 % der französischen Bevölkerung sind fremdländischer Herkunft, wobei die meisten aus arabischsprachigen Ländern, vor allem Nordafrika, stammen.*

3 A	**pour** [pur]	Qu'est-ce que tu organises ~ la fête?	für
	la loterie [lalɔtri]		die Lotterie, das Lotteriespiel
	une école de danse [ynekɔldədɑ̃s]		eine Tanzschule
	la danse [ladɑ̃s]		der Tanz/das Tanzen
	fantastique [fɑ̃tastik]		phantastisch
	elle danse [ɛldɑ̃s]		sie tanzt
	faux [fo]	Jacques chante ~, mais Véronique chante ~.	falsch
	juste [ʒyst]		richtig
	tu fais [tyfɛ]	Qu'est-ce que ~ pour la fête?	du machst
	je mange [ʒəmɑ̃ʒ]		ich esse
	je n'ai pas compris [ʒənɛpɑkɔ̃pri]	Pardon? ~.	ich habe (es) nicht verstanden
	il mange [ilmɑ̃ʒ]		er ißt
	le goûter [ləgute]		*Zwischenmahlzeit am Nachmittag für die französischen Kinder und Jugendlichen*
EXERCICES	**le volley-ball** [ləvɔlɛbol]		Volleyball
	le tennis [lətenis]		Tennis
	le judo [ləʒydo]		Judo
	le jazz [lədʒaz]		Jazz
	la star [lastar]		der (Film)Star
B	**on fait** [ɔ̃fɛ]		man macht, wir machen
	on [ɔ̃]	Qu'est-ce qu'~ fait pour la fête?	man, wir *umgs.*
	bon alors [bɔ̃alɔr]		also dann
	vous avez [vuzave]		ihr habt, Sie haben
	des [de]		*unbestimmter Artikel Pl.*
	une idée [ynide]	C'est une ~ fantastique!	eine Idee
	le match de foot [ləmatʃdəfut]		das Fußballspiel
	le ballet [ləbalɛ]		das Ballett
	le concert [ləkɔ̃sɛr]		das Konzert
	hum [ym]		hm
	simple [sɛ̃pl]	Une loterie, c'est un peu ~.	einfach
	bon [bɔ̃]		(na) gut
	tu as [tya]		du hast
	ton [tɔ̃]	Est-ce que ~ frère est là?	dein
	toujours	Est-ce que tu habites ~ à Croisset?	*hier:* immer noch
	bien sûr [bjɛ̃syr]	– ~.	selbstverständlich
	le numéro [lənymero]	Qui fait un ~ de clown?	die Nummer
	j'ai [ʒɛ]	Moi aussi, ~ une idée.	ich habe
	elle a [ɛla]	Valérie, ~ un chat.	sie hat
	le cheval [ləʃəval] *Pl.:* **les chevaux** [leʃəvo]		das Pferd
	et alors		na und
	eh bien [ebjɛ̃]		nun ja
	son [sɔ̃]	On fait un numéro avec ~ cheval?	sein/ihr
	je ne sais pas [ʒən(ə)sɛpɑ]	On fait une loterie? – Euh, ~.	ich weiß nicht
	sa [sa]	Qu'est-ce qu'elle fait, ~ mère?	seine/ihre
	je fais [ʒəfɛ]	~ un numéro avec mon cheval.	ich mache
	la tortue [latɔrty]	Voilà, la ~ de David.	die Schildkröte
	ta [ta]	Qu'est-ce qu'elle fait, ~ sœur?	deine
	s'il te plaît [siltəplɛ]	Écoute, ~!	bitte *wenn du jdn duzt*
	s'il vous plaît [silvuplɛ]	Écoutez, ~!	bitte *wenn du jdn siezt oder als Anrede an mehrere Personen, die du duzt*
	vous faites [vufɛt]		ihr macht, Sie machen

une avenue [ynavny]	Voilà l'~ Gustave Flaubert.	eine breite Allee	**EXERCICES**
le jour J [ləʒurʒi]	Enfin, le ~ arrive.	der Tag X	**C**
le jour		der Tag	
les élèves jouent [ʒu]		die Schüler spielen	
la pièce de théâtre [lapiɛzdəteɑtr]	Les élèves jouent une ~.	das Theaterstück	
le théâtre		das Theater	
la troisième personne du pluriel [latrwazjɛmpɛrsɔndyplyrjɛl]		die 3. Person Plural	
le/la troisième		der/die dritte	
la personne		die Person	
le pluriel	«Chevaux» est le ~ de «cheval».	der Plural	
ils parlent [ilparl]		sie sprechen	
elles ont [ɛlzɔ̃]		sie *f. Pl.* haben	
le trac [lətrak]	Sophie a un peu le ~, mais elle chante bien.	Lampenfieber	
ils sont [ilsɔ̃]	Patrick et David? Regardez, ~ là-bas.	sie sind	
le nom [lənɔ̃]	Mon ~, c'est Valérie.	der Name	
zéro de conduite [zerodkɔ̃dɥit]		Betragen ungenügend	
zéro		Null *schlechteste Schulnote* *Die französische Benotung erstreckt sich von 0 bis 20, wobei «20» die beste Note darstellt.*	
ils font [ilfɔ̃]		sie machen	
ils chantent [ilʃɑ̃t]		sie singen	
en allemand [ɑ̃nalmɑ̃]	Ils chantent ~.	auf deutsch	
le dix [lədis]		die Zehn	
le sept [ləsɛt]		die Sieben	
ils gagnent [ilgaɲ]		sie gewinnen	
encore [ɑ̃kɔr]	Valérie danse ~ avec Patrick.	noch	
le billet de loterie [ləbijɛdlɔtri]	Voilà le ~ de Mme Bachelet.	das Lotterielos	
la 5ème 2	= la cinquième deux	*Abkürzung für:* die 7b	
contre [kɔ̃tr]	La cinquième 2 joue ~ la cinquième 3.	gegen	
le n°	= le numéro	*Abkürzung für:* die Nummer	
neuf [nœf]		neun	
six [sis]		sechs	
bravo [bravo]		bravo!	
quatre à trois	La 5ème 2 gagne ~.	vier zu drei	
quatre [katr]		vier	
trois [trwa]		drei	
la minute [laminyt]		die Minute	
la conversation [lakɔ̃vɛrsasjɔ̃]		die Unterhaltung	
le franc [ləfrɑ̃]		der Franc	
J'en ai plein le dos! [ʒɑ̃nɛplɛ̃ldo]		Ich habe die Nase voll! *umgs.*	
le/la journaliste [ʒurnalist]	Sophie parle avec un ~.	der/die Journalist/in	
il note [ilnɔt]		er vermerkt, notiert	
le succès [ləsyksɛ]		der Erfolg	
la salade [lasalad]		der Salat	**EXERCICES**
le mot [ləmo]		das Wort	
le rêve [lərɛv]		der Traum	**D**

UNITÉ 4

A

en ville [ɑ̃vil]		in der Stadt
je voudrais [ʒəvudrɛ] **bien**		ich möchte gern
aller en ville [aleɑ̃vil]	Je voudrais bien ~.	in die Stadt gehen/fahren
mercredi [mɛrkrədi]		Mittwoch *Der Mittwoch ist in Frankreich in der Regel ein unterrichtsfreier Tag.*
un/e enfant [ɛ̃nɑ̃fɑ̃; ynɑ̃fɑ̃]	Mme Calvet a trois ~ *.	ein Kind
ses [se]		ihre/seine *Pl.*
le devoir [lədəvwar]	Valérie fait ses ~ * avec Fabienne.	die Hausaufgabe
travailler [travaje]	Jérôme ~ * aussi.	arbeiten
les maths [lemat] *f.*		Mathe
faire un tour [ɛ̃tur]	Je voudrais ~ en ville.	einen Rundgang machen, eine Runde drehen
demain [dəmɛ̃]	Qu'est-ce qu'on fait ~?	morgen
le départ [lədepar]	Demain, c'est le ~ de Nicole.	die Abreise
dis [di]	~, Valérie, on fait un tour en ville?	sag!
acheter [aʃte]	Je voudrais ~ un billet de théâtre.	kaufen
le cadeau [ləkado] *Pl.:* **les cadeaux** [lekado]	C'est un ~ pour mon amie.	das Geschenk
mes [me]		meine *Pl.*
les parents [leparɑ̃] *m.*	M. et Mme Bildstein sont les ~ de Nicole.	die Eltern
regarder la télé(vision) [rəgardelatele(vizjɔ̃)]	Je voudrais ~.	fernsehen
la télé(vision)	Il y a un match de foot à la ~.	das Fernsehen, der Fernseher
regarder	Nicole ~ * les photos.	*auch:* anschauen
treize [trɛz]		dreizehn
quatorze [katɔrz]		vierzehn
mamie [mami] *f.*		Großmama, Oma
on va [ɔ̃va]	~ en ville? – D'accord.	man geht, wir gehen
vous allez [vuzale]		ihr geht, Sie gehen
tes [te]	Tu fais ~ devoirs, Jérôme?	deine *Pl.*
je vais [ʒəvɛ]	– Non, ~ en ville avec Valérie.	ich gehe, fahre
la fille [lafij]		das Mädchen, *auch:* die Tochter
le livre [ləlivr]		das Buch
un ordinateur [ɛ̃nɔrdinatœr]		ein Computer
Télérama		*eine Fernsehzeitschrift*
ils vont [ilvɔ̃]		sie gehen, fahren

B

aimer [ɛme]		lieben, mögen
votre [vɔtr]	Vous aimez ~ ville?	Ihr/Ihre
la dame [ladam]		die Dame, die Frau
ne ... pas [nə ... pɑ]	Je ~ voudrais ~ aller en ville.	nicht
habiter [abite]	Je voudrais ~ à Rouen.	wohnen
le port [ləpɔr]	J'aime bien la Seine et le ~.	der Hafen
la jeune fille [laʒœnfij]		das (junge) Mädchen
beaucoup [boku]	J'aime ~ la Seine.	sehr
le café [ləkafe]	Le ~, il est où?	das Lokal, *auch:* der Kaffee
sur [syr]	– Il est ~ la place du Vieux Marché.	auf
pourquoi [purkwa]	~ est-ce que tu habites à Rouen?	warum
parce que [pars(ə)kə]	– ~ ma mère est professeur à Rouen.	weil
j'aime jouer [ʒɛmʒwe]	~ dans ma chambre.	ich spiele gern
dans la rue	Ma sœur aime jouer ~.	auf der Straße
la voiture [lavwatyr]	C'est la ~ de mon père.	das Auto
être [ɛtr] **de**	Valérie ~ * de Rouen.	sein, kommen aus

** Bei den im folgenden mit einem Sternchen versehenen Lücken mußt du auf Angleichungen achten.*

4 B

je visite [ʒəvizit]		ich besichtige
visiter [vizite]	Valérie et Nicole ~ * le centre.	besichtigen
la cathédrale [lakatedral]	La ~ est dans le centre.	die Kathedrale
une église [ynegliz]	L'~ Saint-Ouen est à Rouen.	eine Kirche
les gens [leʒɑ̃]		die Leute
sympathique [sɛ̃patik]		sympathisch
ou [u]	Je voudrais bien habiter à Paris ~ à Marseille.	oder
avoir [avwar]	Est-ce que tu ~ * un ordinateur?	haben
à la campagne [alakɑ̃paɲ]	Je voudrais avoir une maison ~.	auf dem Land
le punk [ləpœnk]		der Punker
ailleurs [ajœr]	Je voudrais être ~.	anderswo(hin)

EXERCICES

idéal/e [ideal]		ideal

C

le guide [ləgid]	Jérôme fait le ~.	der (Fremden-)Führer
le/la musicien/ne [ləmyzisjɛ̃; lamyzisjɛn]		der/die Musiker/in
le/la touriste [turist]	Les ~ * visitent Rouen.	der/die Tourist/in
maintenant [mɛ̃tnɑ̃]	Qu'est-ce qu'on fait ~?	jetzt
d'abord [dabɔr]	~ on visite la ville et	zunächst
après [aprɛ]	~ on achète un cadeau.	dann, danach, *auch:* nach
Mesdemoiselles [medmwazɛl]	Bonjour, ~!	*Pl. von* Mademoiselle
nous sommes [nusɔm]		wir sind
nous [nu]	~ sommes sur la place de la Cathédrale.	wir
la tour [latur]		der Turm
à droite [adrwat]	~, il y a un café et	rechts
à gauche [agoʃ]	~, il y a la cathédrale.	links
chut [ʃyt]		pst! still!
devant [dəvɑ̃]	Nous sommes maintenant ~ l'église Saint-Ouen.	vor *örtlich*
Mesdames [medam]	Bonsoir, ~ et	*Pl. von* Madame
Messieurs [mesjø]	~!	*Pl. von* Monsieur
ce n'est pas		das ist nicht
la statue [lastaty]		die Statue, das Standbild
derrière [dɛrjɛr]	~ l'église, il y a la statue de Jeanne d'Arc.	hinter
le billet		*hier:* die Eintrittskarte
fermé [fɛrme]	Le café est ~.	geschlossen
aller au musée [aleomyze]	Je voudrais ~ Flaubert.	ins Museum gehen
trop tard [trotar]	C'est ~ pour le musée. C'est fermé.	zu spät
aller aux Nouvelles Galeries [aleonuvɛlgalri]	Alors, on ~ *?	in die *Nouvelles Galeries* gehen
les Nouvelles Galeries		*Name eines Kaufhauses*
continuer [kɔ̃tinɥe]		weitergehen, -fahren
tout droit [tudrwa]	Vous continuez ~.	geradeaus
une avenue [ynavny]	D'abord, vous arrivez dans l'~ Flaubert.	eine breite Allee
puis [pɥi]	Et ~, vous arrivez dans la rue Jeanne d'Arc.	dann
tourner [turne]	On ~ * à gauche ou à droite?	abbiegen
seize [sɛz]		sechzehn
dix-huit [dizɥit]		achtzehn
vingt [vɛ̃]		zwanzig
la librairie [lalibrɛri]	Il y a une ~ près d'ici.	die Buchhandlung

EXERCICES

une histoire [ynistwar]		eine Geschichte
un Office du Tourisme [ɛ̃nɔfisdyturism]		ein Fremdenverkehrsbüro

4 **Chanson pour prendre le bus**

la chanson [laʃɑ̃sɔ̃]		das Lied
pour		*hier:* um … zu
prendre [prɑ̃dr]		nehmen
le bus [ləbys]		der Bus
M'sieurs-dames [msjødam]	= Messieurs-dames	meine Damen und Herren
enlevez [ɑ̃lve]		setzen Sie ab!
vot' [vɔt]	= votre	Ihr
le walkman [ləwokman]		der Walkman
le journal [ləʒurnal]		die Zeitung
le garçon [ləgarsɔ̃]		der Junge
le m'sieur [ləmsjø]	= le monsieur	der Herr
le vieux [ləvjø]		der Alte
bien mieux [bjɛ̃mjø]		viel besser
venez [vəne]		kommen Sie!
la page [lapaʒ]		die Seite
de la vie [dəlavi]		des Lebens
être en retard [ɑ̃rətar]		zu spät kommen
y a [ja]	= il y a	es gibt
l'travail [ltravaj]	= le travail	die Arbeit
la guitare [lagitar]		die Gitarre
c'est pas [sɛpɑ]	= ce n'est pas	es ist nicht
le cœur [ləkœr]		das Herz
en musique [ɑ̃myzik]		*hier:* mit Musik
la musique [lamyzik]		die Musik

UNITÉ 5 A

le désordre [ledezɔrdr]		die Unordnung
c'est le jour et la nuit [lanɥi]	Jérôme et Valérie, ~.	das ist ein Unterschied wie Tag und Nacht
un animal [ɛ̃nanimal] *Pl.:* **les animaux** [lezanimo]	Une tortue est un ~.	ein Tier
le sport [ləspɔr]	Tu aimes le ~?	der Sport
le volley(-ball) [ləvɔlɛ(bol)]	Valérie aime le ~.	Volleyball
le mercredi [ləmɛrkrədi]	Elle joue toujours le ~.	mittwochs, jeden Mittwoch
gai/e [gɛ]	C'est une fille très ~ *.	fröhlich, heiter
seul/e [sœl]	Elle n'aime pas être ~ *.	allein
leurs [lœr]	Ils font ~ devoirs.	ihre *Pl.*
discuter [diskyte]		diskutieren
ou bien	Les enfants font leurs devoirs ~ ils discutent.	oder
la cassette [lakasɛt]	On écoute des ~ * de Renaud?	die Kassette
préférer [prefere]	– Tu aimes Renaud? Moi, je ~ * Madonna.	vorziehen
si [si]	Vous n'aimez pas Rouen? – ~, bien sûr.	doch
la poésie [lapɔezi]		die Poesie
quelquefois [kɛlkəfwa]	Tu vas au musée ~? – Pas très souvent.	manchmal
rester [rɛste]	Quelquefois, j'aime ~ dans ma chambre.	bleiben
la mini-moustache [laminimustaʃ]		der kleine Schnurrbart
la moustache	M. Calvet a une ~.	der Schnurrbart
le problème [ləprɔblɛm]		das Problem
à mon avis [amɔ̃navi]		meiner Meinung nach
un avis		eine Meinung, eine Ansicht
joli/e [ʒɔli]	Ta chambre est très ~ *.	hübsch
sans [sɑ̃]	Est-ce que tu préfères Jérôme avec ou ~ moustache?	ohne
je suis bien		*hier:* ich sehe gut aus
trouver [truve]	Je ne ~ * pas mon livre.	finden

le mini-cassette [ləminikasɛt]	Il est où, le ~?	der Kassettenrecorder
quelque chose [kɛlkəʃoz]	Jérôme cherche toujours ~.	etwas
c'est comme ça [kɔmsa]		so ist das
le cahier [ləkaje]		das Heft
le journal [ləʒurnal] *Pl.:* **les journaux** [leʒurno]		die Zeitung
la disquette [ladiskɛt]	Jérôme cherche une ~ pour son ordinateur.	die Diskette
les baskets [lebaskɛt] *m./f.*		die Turnschuhe
sous [su]	# sur	unter
le lit [ləli]		das Bett
le stylo [ləstilo]		der Füller
les deux enfants	Les ~ aiment le désordre.	die beiden Kinder
leur	Mais pour ~ mère, le désordre, c'est un problème.	ihre *Pl.*

EXERCICES

la géo [laʒeo]	= la géographie	die Geographie *umgs.*
le week-end [ləwikɛnd]	Le ~, on va à la campagne.	das Wochenende, am Wochenende
la musique [lamyzik]	J'aime bien la ~.	die Musik

B

ils peuvent [ilpœv]	~ travailler.	sie können
pouvoir [puvwar]		können
aider [ɛde]	Les enfants peuvent ~ leurs parents.	helfen
la poste [lapɔst]	Mme Calvet travaille à la ~.	die Post
le travail [lətravaj]	Le ~ de la maison, ce n'est pas drôle.	die Arbeit
intéressant/e [ɛ̃terɛsɑ̃; ɛ̃terɛsɑ̃t]	Le travail de Mme Calvet est ~ *, mais	interessant
rentrer [rɑ̃tre]	elle ~ * tard.	nach Hause kommen, heimkommen
espérer [ɛspere]	Mme Dufour ~ * trouver une maison à la campagne.	hoffen
un appartement [ɛ̃napartəmɑ̃]	Les Carmet cherchent un ~.	eine Wohnung
en ordre [ɑ̃nɔrdr]	L'appartement de Mme Pardieu est toujours ~.	*hier:* aufgeräumt
l'ordre *m.*		die Ordnung
avoir 18 ans [dizɥitɑ̃]	Florence ~ *.	18 Jahre alt sein
un an [ɛ̃nɑ̃]	La fille de Mme Carmet a un ~.	ein Jahr
le fils [ləfis]	Les Calvet ont un ~, Jérôme.	der Sohn
votre		*hier:* euer/eure
ranger [rɑ̃ʒe]	Jérôme n'aime pas ~ sa chambre.	aufräumen
vos [vo]	Rangez ~ chambres, s'il vous plaît!	eure *Pl.*
nos [no]	– Mais ~ chambres ne sont pas en désordre!	unsere *Pl.*
notre [nɔtr]	Mais ~ désordre, c'est ~ problème.	unser/e
va! [va]	~ dans la cuisine!	geh!
grand/e [grɑ̃; grɑ̃d]	Ma chambre n'est pas ~ *.	groß
la catastrophe [lakatastrɔf]	Le désordre, ce n'est pas une ~.	die Katastrophe
le bol [ləbɔl]	C'est le ~ de Sophie.	die (Trink)Schale *Häufig werden in Frankreich zum Frühstück „bols" benutzt.*
la table [latabl]	Sur la ~, il y a encore des bols.	der Tisch
beaucoup	Madame Calvet travaille ~.	viel
important/e [ɛ̃pɔrtɑ̃; ɛ̃pɔrtɑ̃t]	Dans un appartement, l'ordre est ~ *.	wichtig
mettre le couvert [mɛtrləkuvɛr]	Jérôme n'aime pas ~.	den Tisch decken
mettre	Vous pouvez ~ des bols sur la table?	setzen, stellen, legen

5 B	ça [sa]	On va en ville demain? – Non, ~ ne va pas. J'ai des devoirs.	das, dies(es)
	juste	Je ne trouve pas ça très ~.	*hier:* gerecht
	le garçon [ləgarsɔ̃]	Jérôme est un ~ sympathique.	der Junge
	vous avez quel âge? [vuzavekɛlɑʒ]		wie alt seid ihr?
	l'âge [lɑʒ] *m.*	Tu as quel ~?	das Alter
EXERCICES	**le hockey** [ləɔkɛ]		Hockey
C	**il faut** [ilfo]	~ travailler.	man muß, wir müssen
	la solution [lasɔlysjɔ̃]	Nous devons trouver une ~.	die Lösung
	J'en ai assez! [ʒɑ̃nɛase]		Ich habe genug davon! Ich habe es satt!
	ouh là là		auweia! *Ausruf des Erschreckens oder Staunens*
	pour		*hier:* was ... betrifft
	je n'ai pas d'idée		ich habe keine Idee
	ne ... pas de		kein/e/n
	faire les courses [lekurs]	Jérôme ~ * le mercredi.	Besorgungen machen, einkaufen gehen *Die Geschäfte sind in Frankreich im allgemeinen länger geöffnet als in Deutschland, auch an Samstagen; dafür bleiben sie zumeist am Montag geschlossen. Selbst am Sonntag vormittag kann man auf Märkten, die sich großer Beliebtheit erfreuen, einkaufen.*
	lui [lɥi]	Jérôme, ~ aussi, peut faire quelque chose.	er *betont*
	passer l'aspirateur [pɑselaspiratœr]	Il peut ~,	staubsaugen
	un aspirateur		ein Staubsauger
	faire des histoires	mais il ~ * toujours ~.	großes Getue machen, Ärger machen
	une histoire [ynistwar]	C'est une ~ très intéressante.	eine Geschichte
	tout [tu]	Mme Calvet ne peut pas ~ faire.	alles
	par semaine [parsəmɛn]	Elle fait les courses deux jours ~.	pro Woche, in der Woche
	la semaine [lasəmɛn]		die Woche
	le dimanche [lədimɑ̃ʃ]	Le ~, M. Calvet ne travaille pas.	sonntags
	dimanche	~, les enfants sont à Croisset.	Sonntag, am (kommenden) Sonntag
	c'est à moi [sɛtamwa]		ich bin an der Reihe, ich bin dran
	lundi [lɛ̃di]		Montag
	mardi [mardi]		Dienstag
	faire la cuisine	Le mercredi, mamie ~ *.	kochen
	voilà		*hier:* ich hab's!
	à tour de rôle [aturdərol]	Il faut aider ~.	abwechselnd
	décider [deside]	Il faut aider, mais on peut ~ le jour.	entscheiden, *hier:* bestimmen, festsetzen
	le plan [plɑ̃] **de travail**	Le dimanche, on fait un ~.	der Arbeitsplan
	un jour sur deux	On range l'appartement ~.	jeden zweiten Tag
	la chose [laʃoz]		die Sache
	eux [ø]	~, ils rangent la cuisine.	sie *Pl., betont*
	le pain [ləpɛ̃]		das Brot
	samedi [samdi]		Samstag
	le supermarché [ləsypɛrmarʃe]	On va au ~, samedi?	der Supermarkt
	jeudi [ʒødi]	~, je vais chez mon amie.	Donnerstag
	vendredi [vɑ̃drədi]	~, on va au musée.	Freitag

le bouquet [ləbukɛ]	der (Blumen-)Strauß
la pensée [lapɑ̃se]	das Stiefmütterchen, *auch:* der Gedanke
le coquelicot [ləkɔkliko]	die Mohnblume
le souci [ləsusi]	die Ringelblume, *auch:* die Sorge
la rose [laroz]	die Rose
un œillet [ɛ̃nœjɛ]	eine Nelke
petit/e [p(ə)ti; p(ə)tit]	klein
si triste [sitrist]	so traurig

La fourmi

la fourmi [lafurmi]	die Ameise
le mètre [ləmɛtr]	der Meter
le chapeau [ləʃapo]	der Hut
la tête [latɛt]	der Kopf
ça n'existe pas [sanɛgzistəpɑ]	das gibt es nicht
traînant [trɛnɑ̃]	(hinter sich her)ziehend
le char [ləʃar]	der Wagen, der Karren
plein [plɛ̃] **de**	voll von
le pingouin [ləpɛ̃gwɛ̃]	der Pinguin
le canard [ləkanar]	die Ente
parlant [parlɑ̃]	sprechend
latin [latɛ̃]	Latein
javanais [ʒavanɛ]	Javanisch

on part [ɔ̃par]		wir fahren ab, brechen auf
partir [partir]	Je voudrais ~ à Jumièges.	abfahren, aufbrechen
à quelle heure? [akɛlœr]	On part ~?	um wieviel Uhr?
une heure [ynœr]	On reste une ~ à Croisset, puis on va à Jumièges.	eine Stunde, *auch:* ein Uhr
divorcé/e [divɔrse]	La mère de Fabienne est ~ *.	geschieden
aux environs [ozɑ̃virɔ̃] **de**	Elle a une maison ~ Rouen.	in der Nähe von, bei
les environs [lezɑ̃virɔ̃] *m.*		die Umgebung
en semaine	~, Fabienne habite chez son père.	während der Woche
inviter [ɛ̃vite]	Mme Stévenin ~ * Valérie.	einladen
allô [alo]	~? – ~, David? C'est Patrick.	hallo *beim Telefongespräch*
tu viens [tyvjɛ̃]		du kommst
venir [vənir]	Tu peux ~ samedi?	kommen
quand [kɑ̃]	On mange ~?	wann
à midi [amidi]	On mange ~.	um 12 Uhr
à midi dix		um zehn nach zwölf
le soir [ləswar]	Le ~, on fait la cuisine.	der Abend, am Abend
le cinéma [ləsinema]	Samedi soir, je vais au ~.	das Kino
le ciné [ləsine]	= le cinéma	das Kino *umgs.*
la balade [labalad] **à vélo**	On fait une ~?	die Fahrradtour
le vélo [ləvelo]		das Fahrrad, *auch:* das Radfahren
la forêt [lafɔrɛ]	La ~ de Brotonne est aux environs de Rouen.	der Wald
à vélo	Tu viens comment? – ~.	mit dem Fahrrad
en bus [ɑ̃bys]	Les enfants viennent ~.	mit dem Bus
le bus [ləbys]	Il y a un ~ à quelle heure?	der Bus *in der Stadt*
jusqu'à [ʒyska]	D'abord, les enfants vont ~ la gare.	bis
le car [ləkar]	Ils vont à Jumièges en ~.	der (Überland)Bus
pour	À quelle heure part le train ~ Paris?	*hier:* nach
téléphoner [telefɔne] **à**	Valérie ~ * ses amis.	mit jdm telefonieren, jdn anrufen

6 A	**une abbaye** [ynabεi]		eine Abtei
	pour	On ne va pas à Jumièges ~ l'abbaye.	*hier:* wegen
	sympa [sε̃pa] *unveränderlich*	= sympathique	sympathisch *umgs.*
	le pique-nique [ləpiknik]		das Picknick
	attends! [atɑ̃]	~, j'arrive!	warte (mal)!
	tôt [to]	5 heures, c'est trop ~.	früh
	à dix heures moins vingt [adizœrmwε̃vε̃]	Alors on part ~.	um zwanzig vor zehn
	moins		weniger
	trente [trɑ̃t]	À 18 heures ~, Patrick téléphone à Valérie.	dreißig
	à demain	Salut et ~.	bis morgen
EXERCICES	**nouveau** [nuvo]		neu
	la tournée [laturne]		die Tournée
	le gymnase [ləʒimnaz]		die Turnhalle
B	**la buvette** [labyvεt]	Les touristes vont à la ~.	die Trinkhalle/Imbißbude
	la ruine [larɥin]	L'abbaye de Jumièges est une ~.	die Ruine
	la Buvette des Ruines		*Eigenname*
	avoir faim [fε̃] *f.*	J'~ *! – Moi aussi.	Hunger haben
	le restaurant [lərεstorɑ̃]	Près d'ici, il y a un ~.	das Restaurant
	près de l'abbaye	~, il y a une buvette.	in der Nähe der Abtei
	à côté [akote] **de la poste**	David habite ~.	neben der Post
	on n'a pas le temps [lətɑ̃]		wir haben keine Zeit
	le temps		die Zeit
	dans	On part ~ 20 minutes.	in *zeitlich*
	à côté du restaurant	~, il y a aussi une buvette.	neben dem Restaurant
	la crêpe [lakrεp]	J'aime manger des ~ *.	*dünner Eierpfannkuchen*
	le hamburger [ləɑ̃burgœr]	Olivier préfère les ~ *.	der Hamburger
	le fromage [ləfrɔmaʒ]	Je n'aime pas le ~.	der Käse
	la confiture [lakɔ̃fityr]		die Konfitüre
	le sucre [ləsykr]	Le ~ est sur la table.	der Zucker
	tu prends [typrɑ̃]	Qu'est-ce que ~?	du nimmst
	prendre [prɑ̃dr]	On peut ~ quelque chose à la buvette.	nehmen, *auch:* trinken bzw. essen
	le sandwich [ləsɑ̃dwitʃ]	Tu prends un hamburger ou un ~?	das Sandwich
	le cidre [ləsidr]	Moi, je voudrais un ~.	*Apfelwein aus der Normandie oder der Bretagne*
	le coca [ləkɔka]	Et toi, qu'est-ce que tu prends? Un ~?	die Cola
	ça fait combien? [kɔ̃bjε̃]	~, s'il vous plaît?	was macht das?
	combien		wieviel
	quarante-neuf [karɑ̃tnœf]		neunundvierzig
	ce n'est pas la ruine		das kostet nicht viel *umgs.*
	le jambon [ləʒɑ̃bɔ̃]	Moi, je voudrais un sandwich au ~.	der Schinken
	une eau minérale [ynomineral]	~? – Non, merci.	ein Mineralwasser
	le jus de fruits [ləʒydəfrɥi]	Un ~? – Ah oui.	der Fruchtsaft
	la limonade [lalimɔnad]	Moi, je prends une ~.	die Limonade
	avoir soif [swaf] *f.*	Les enfants ~ *.	Durst haben
	prendre son temps		sich Zeit lassen/nehmen
	Il est quelle heure?	~, s'il vous plaît?	Wie spät ist es?
	moins le quart [kar]	Il est deux heures ~.	viertel vor *bei Zeitangaben*
	à deux kilomètres [kilɔmεtr]	Jumièges? C'est près d'ici. C'est ~.	in zwei Kilometer Entfernung
	le kilomètre		der Kilometer
	aller à pied [apje]	On peut ~ à l'abbaye.	zu Fuß gehen
	le pied		der Fuß
	le billet	Un ~ pour Honfleur, s'il vous plaît!	*hier:* die Fahrkarte

6 B

cinquante [sɛ̃kɑ̃t]	Ça fait ~ francs.	fünfzig
le chauffeur [ləʃofœr]		der Fahrer
un aller-retour [ɛ̃nalerətur]	Je voudrais un ~ pour Rouen.	eine Hin- und Rückfahrt
un aller [ɛ̃nale]	Un ~, ça fait combien?	eine Hinfahrt
deux heures et demie [dəmi]	Il est quelle heure? – ~.	halb drei
hein? [ɛ̃]		nicht wahr? *umgs.*

EXERCICES

soixante [swasɑ̃t]		sechzig
les halles [leal]	Le samedi, on va aux ~.	*überdachter Markt*
la pâtisserie [lapɑtisri]	La ~ est près d'ici.	die Konditorei
le métro [ləmetro]	À Paris, on peut prendre le ~.	die U-Bahn
le tram [lətram]	Est-ce qu'il y a un ~ à Paris?	die Straßenbahn

C

heureux/-se [œrø; œrøz]	À Jumièges, les filles sont ~ *.	glücklich
aller à cheval à		irgendwohin reiten
raconter [rakɔ̃te]	Le père Jean aime ~ des histoires.	erzählen
la région [lareʒjɔ̃]	Dans la ~ de Rouen, il y a la forêt de Brotonne.	die Gegend
un jour	Fabienne espère être journaliste, ~.	*hier:* eines Tages
jouer aux cartes [okart]		Karten spielen
la carte	Le soir, Valérie et Fabienne jouent aux ~ *.	die Karte
tard dans la nuit	Les filles discutent ~.	bis spät in die Nacht
le petit déjeuner [ləp(ə)tideʒœne]	On prend le ~ à quelle heure?	das Frühstück
traverser [travɛrse]	La poste? Vous tournez à gauche, vous continuez tout droit, puis vous ~ * la rue.	überqueren
le bac [ləbak]	Près de Jumièges, on peut traverser la Seine en ~.	die Fähre
un arbre [ɛ̃narbr]		ein Baum
la fleur [laflœr]		die Blume
jouer au volley	Après le pique-nique, les enfants ~ *.	Volleyball spielen
le retour [lərətur]	Au ~, ils vont à l'abbaye.	der Rückweg
qui	Voilà la fille ~ parle allemand.	der/die/das *Relativpronomen*
il dit [ildi]	~: «Bonjour.»	er sagt
dire [dir]	Il faut ~ merci.	sagen
prendre des photos	David ~ * de l'abbaye.	fotografieren
en photo	Les ruines, c'est bien ~.	auf Fotos

EXERCICES

les échecs [lezeʃɛk]	On joue aux ~ ou à la ~?	Schach
la pétanque [lapetɑ̃k]		*eine Art Boule- oder Bocciaspiel*
le baby-foot [ləbabifut]	Je préfère jouer au ~.	Tischfußball
le rugby [lərygbi]	Jean aime le ~.	Rugby
la devinette [ladəvinɛt]		das Rätsel, das Ratespiel

D

le slogan [ləslɔgɑ̃]		*hier:* Werbeslogan

REPÈRES

minuit [minɥi] *m.*	Il est ~.	Mitternacht

UNITÉ 7 A

le collège [ləkɔlɛʒ]	Valérie et ses amis vont au ~.	*Das «collège» schließt sich an die 5jährige Grundschule an. Es umfaßt 4 Jahre und entspricht den deutschen Klassen 6–9. Alle Schüler werden hier nach denselben Stundentafeln unterrichtet, doch es gibt auch einige Wahlmöglichkeiten und Förderkurse.*

un emploi [ɛ̃nɑ̃plwa] **du temps**	David regarde son ~.	ein Stundenplan
la récréation [larekreasjɔ̃]	Après la ~, il a allemand.	die große Pause
les sciences nat(urelles) [lesjɑ̃snat(yrɛl)]	Les ~, c'est très interessant.	die Biologie, der Biologieunterricht
la gym(nastique) [laʒim(nastik)]	David aime bien la ~.	der Sportunterricht
E.M.T. [əɛmte] **(éducation manuelle et technique)**	Le lundi, il a ~.	Arbeitslehre
la musique [lamyzik]	J'aime bien la ~.	die Musik, der Musikunterricht
la cantine [lakɑ̃tin]	À midi, il mange à la ~.	die Kantine *Wegen des Ganztagsunterrichts spielt das Essen in der Schulkantine für französische Schüler eine große Rolle.*
la permanence [lapɛrmanɑ̃s]		*Klassenraum, in dem die Schüler während der Springstunden unter Aufsicht Schularbeiten machen können*
les sciences physiques [lesjɑ̃sfizik]	Valérie n'aime pas les ~.	der Physikunterricht
le dessin [lədesɛ̃]	Le ~, ça intéresse Ludovic.	der Zeichenunterricht, *auch:* das Zeichnen, die Zeichnung
avoir cours [kur]	Quand est-ce que tu ~ *, le lundi?	Unterricht haben *Der Unterricht findet in Frankreich vor- und nachmittags statt. An einem Tag in der Woche (in der Regel mittwochs) sowie am Samstag nachmittag ist unterrichtsfrei.*
le cours	J'ai encore un ~ de français.	der Unterricht, die Unterrichtsstunde
de ... à	Ils ont cours ~ 8 heures 10 ~ 15 heures.	von ... bis
l'		ihn/sie *verkürztes direktes Objektpronomen, 3. Pers. Sg.*
le matin [ləmatɛ̃]	En France, les élèves vont au collège le ~ et	der Morgen, morgens
l'après-midi [laprɛmidi] *m./f.*	l'~.	der Nachmittag, nachmittags
le	Mon cahier, où est-ce qu'il est? Je ne ~ trouve pas.	ihn/es *direktes Objektpronomen, 3. Pers. Sg. m.*
il rend [ilrɑ̃]	~ les devoirs.	er gibt zurück
rendre [rɑ̃dr]		zurückgeben
la rédaction [laredaksjɔ̃]	Ta ~ est intéressante.	der Aufsatz
aujourd'hui [oʒurdɥi]	Tu pars ~ ou demain?	heute
les	Quand est-ce qu'il rend les rédactions? – Il ~ rend aujourd'hui.	sie *direktes Objektpronomen, 3. Pers. Pl.*
en français	~, ça ne va pas trop mal.	in Französisch
écrire [ekrir]	Valérie aime bien ~.	schreiben
bon/ne [bɔ̃; bɔn]	Ses idées sont ~ *.	gut
l'orthographe [lɔrtɔgraf] *f.*	Le problème de David, c'est l'~.	die Rechtschreibung
la dictée [ladikte]	David n'aime pas les ~ *.	das Diktat
difficile [difisil]	Les dictées de M. Martin sont toujours ~ *.	schwierig
le mot [ləmo]	Dans ses dictées, il y a toujours des ~ * qui sont très difficiles.	das Wort
être moyen/ne [mwajɛ̃; mwajɛn]	En maths, Nicole est ~ *,	mittelmäßig sein
bof [bɔf]		nun ja *umgs.*
être bon/ne en	mais elle ~ * rédaction.	gut sein in
à 12 ans	~, les enfants vont au collège.	mit 12 (Jahren)
un auteur à succès		ein Erfolgsautor
assez [ase]	Olivier est ~ bon en maths.	ziemlich
la	En maths, la solution, il ~ trouve vite.	sie/es *direktes Objektpronomen, 3. Pers. Sg. f.*

le chocolat [ləʃɔkɔla]	Tu prends un ~ ou un café?	die Schokolade, *hier:* der Kakao	**EXERCICES**
qu'est-ce que ça veut dire? [savødir]	~, «la campagne»?	was heißt/bedeutet das?	**B**
être en retard [ɑ̃rətar]	Comment? Il est 8 heures! Je ~ *.	zu spät kommen	
le retard		die Verspätung	
la faute [lafot]	Dans ta dictée, il y a trois ~ *.	der Fehler	
à cause [akoz] **de**	Il est en retard ~ * bus.	wegen	
il lisent [illiz]		sie lesen	
lire [lir]	Il ne faut pas ~ trop vite.	lesen	
le sujet [ləsyʒɛ]	Le ~ de la rédaction est difficile.	das Thema	
ils ne comprennent [kɔ̃prɛn] **pas**		sie verstehen nicht	
comprendre [kɔ̃prɑ̃dr]	Tu ~ * le sujet de la rédaction?	verstehen	
te		dir/dich *direktes Objektpronomen, 2. Pers. Sg.*	
recommençons! [rəkɔmɑ̃sɔ̃]		fangen wir noch einmal an!	
recommencer		wieder, von neuem anfangen	
t'	On ~écoute, Valérie.	dir *verkürztes direktes Objektpronomen, 2. Pers. Sg.*	
un sujet comme ça		so ein Thema	
non?	C'est simple, ~?	*hier:* nicht wahr?/oder?	
la promenade [laprɔmnad]		der Spaziergang	
me	Pourquoi est-ce que vous ~ regardez comme ça?	mir/mich *direktes Objektpronomen, 1. Pers. Sg.*	
parler [parle] **de**	Avec ma mère on peut ~ tout.	sprechen von, über	
discuter de	Moi, je préfère ~ * problèmes de l'école avec mes amis.	diskutieren über	
le copain/la copine [ləkɔpɛ̃; lakɔpin]	= l'ami/e	der Freund, die Freundin *umgs.*	
nous	M. Martin ne ~ comprend pas.	uns *direktes Objektpronomen, 1. Pers. Pl.*	
intéresser [ɛ̃terɛse]	L'histoire de Rouen m'~ * beaucoup.	interessieren	
dommage [dɔmaʒ]	Tu ne peux pas venir? ~!	schade	
au fait [ofɛt]	~, qu'est-ce qu'on fait dimanche?	übrigens, eigentlich	
attendre [atɑ̃dr]	Le train est en retard. Il faut ~.	warten, erwarten	
ça dépend [sadepɑ̃]	Tu aimes l'histoire? – ~.	es kommt darauf an	
comment ça?		wie?/was heißt das?	
épelle! [epɛl]	~ le mot «dommage», s'il te plaît.	buchstabiere	
épeler [eple]		buchstabieren	
prendre	«Ailleurs» ~ * toujours un «s».	*hier:* bekommen, haben	
la géo [laʒeo]	= la géographie	die Geographie *umgs.*	
distribuer un tract [distribɥeɛ̃trakt]		ein Flugblatt verteilen	**EXERCICES**
déjeuner [deʒœne]	On ~ * au restaurant, dimanche?	zu Mittag essen	**C**
loin [lwɛ̃] **de**	# près de	weit (weg) von	
la tomate [latɔmat]		die Tomate	
petit/e [p(ə)ti; p(ə)tit]	Ma copine habite dans une ~ * ville.	klein	
une aile [ynɛl]		ein Flügel	
le poulet [ləpulɛ]	On achète un ~ pour dimanche?	das (Brat)Hähnchen	
les frites [lefrit] *f.*	On fait des ~?	Pommes frites	
en caoutchouc [ɑ̃kautʃu] *f.*	Aujourd'hui, le poulet est ~.	aus Gummi	
mauvais/e [movɛ; movɛz]	# bon/ne	schlecht	

7 C	**ne ... plus** [nə ... ply]	Je ~ viens ~ à la cantine.	nicht mehr
	moi non plus	– ~.	ich auch nicht
	à table	6 heures 30, les Calvet sont ~ et prennent leur petit déjeuner.	bei Tisch
	le bruit [ləbrɥi]		der Krach, der Lärm
	terrible [tɛribl]	Dans la rue, il y a un bruit ~.	schrecklich
	on n'entend pas [ɔ̃nɑ̃tɑ̃pɑ]		man versteht nicht
	entendre [ɑ̃tɑ̃dr]	Tu peux m'~?	hören, verstehen
	tu veux [tyvø]		du willst
	vouloir [vulwar]	Patrick ne ~ * pas manger ses frites.	wollen
	ne ... rien [nə ... rjɛ̃]	On ~ * entend ~ à cause du bruit.	nichts
	le/la surveillant/e [ləsyrvɛjɑ̃; lasyrvɛjɑ̃t]		die Aufsichtsperson *Es handelt sich dabei zumeist um Studenten, die außerhalb des Unterrichts Aufsicht führen, insbesondere in der* permanence.
	difficile	Valérie n'aime pas le poulet. Elle est trop ~.	*hier:* wählerisch
	triste [trist]	# gai/e	traurig
	la note [lanɔt]	En français, il a des mauvaises ~ *.	die Note, die Zensur
	tu sais [tysɛ]	~, je suis bon en maths.	du weißt
	avoir huit		8 Punkte (von 20) haben
	avoir la moyenne [lamwajɛn]	En allemand, elle n'a pas la ~.	einen ausreichenden Notendurchschnitt haben
	la matière [lamatjɛr]	Tu aimes l'histoire? – Oui, c'est une ~ qui m'intéresse.	das (Schul)Fach
	être nul/le [nyl] **en**	Fabienne est ~ * maths.	sehr schwach sein in
	peut-être [pøtɛtr]	Il y a ~ une solution.	vielleicht
EXERCICES	**la chanson** [laʃɑ̃sɔ̃]		das Lied
D	**le poème** [ləpɔɛm]		das Gedicht
UNITÉ 8 A	**une activité** [ynaktivite]		eine Tätigkeit, eine Betätigung
	le yoga [ləjɔga]		Yoga
	détendre [detɑ̃dr]	Le yoga ça ~ *.	entspannen
	un horaire [ɛ̃nɔrɛr]	Est-ce que tu as l'~ des trains?	der Zeitplan, *auch:* der Fahrplan
	faire du yoga		Yoga machen
	jouer de la guitare [lagitar]	Sophie ~ * dans un groupe de rock.	Gitarre spielen
	le saxophone [ləsaksɔfɔn]		das Saxophon
	les percussions [lepɛrkysjɔ̃] *f.*		Schlaginstrumente
	l'anglais [lɑ̃glɛ] *m.*	Vous comprenez l'~? – Un peu.	das Englische, Englisch
	le cours	Le ~ d'arabe est très intéressant.	*hier:* der Kurs
	pour le plaisir [ləplɛzir]	J'apprends l'arabe ~.	zum Vergnügen, aus Spaß
	ensemble [ɑ̃sɑ̃bl]	On fait les devoirs ~?	zusammen, gemeinsam
	être bien	On ~ * ici.	*hier:* sich wohl fühlen
	ça va tout seul		das geht von ganz allein
	une exposition [ynɛkspozisjɔ̃]	Au musée, il y a une ~ sur Rouen.	eine Ausstellung
	une expo	= une exposition	*umgs.*
	la couleur [lakulœr]		die Farbe
	un atelier [ɛ̃natəlje]	Les enfants sont dans l'~ de photo.	eine Werkstatt, *auch:* ein Kurs
	la B. D. [labede] **(la bande dessinée)**	David aime lire des ~.	der Comic
	le bricolage [ləbrikɔlaʒ]	Tu fais du ~?	das Basteln
	la tête [latɛt]		der Kopf

8 A

la M. J. C. [laɛmʒise] (**la Maison des Jeunes et de la Culture**)	À la ~ on peut faire du dessin, du bricolage et de la poésie.	das Jugend- und Kulturzentrum *Fast in jeder größeren französischen Gemeinde gibt es solche Einrichtungen. Hier haben die Jugendlichen die Möglichkeit, unter Betreuung an verschiedenen Arten sportlicher und kultureller Freizeitgestaltung teilzunehmen.*
le dépliant [lədeplijɑ̃]	Tu peux prendre un ~ à la gare?	der Faltprospekt

EXERCICES

le hobby [ləɔbi] *Pl.:* **les hobbies**		das Hobby

B

beaucoup de	J'ai ~ travail aujourd'hui.	viel Arbeit
de la	Les enfants achètent ~ confiture.	*Teilungsartikel, f.*
la colle [lakɔl]		der Klebstoff
le couteau [ləkuto] *Pl.:* **couteaux**		das Messer
du	Achète ~ pain, s'il te plaît.	*Teilungsartikel, m.*
le carton [ləkartɔ̃]	Et pour le cours de dessin, il faut encore acheter du ~.	der Karton, die Pappe
l'eau [lo] *f.*	J'ai soif. Tu as un peu d'~?	das Wasser
la bouteille [labutɛj]	Il y a une ~ d'eau sur la table, là-bas.	die Flasche
enfin		*hier:* natürlich nicht
ne … plus de	On ~ * a ~ coca.	kein/e/n mehr
le pot [ləpo]	Voilà le ~ de colle!	der Topf
le verre [ləvɛr]	Voilà un ~ pour l'eau.	das Glas
le walkman [ləwokman]		der Walkman
le haut-parleur [ləoparlœr] *Pl.:* **les haut-parleurs**		der Lautsprecher
il faut		*hier:* man braucht
le plastique [ləplastik]	C'est un couteau en ~.	der Kunststoff, Plastik
les écouteurs [lezekutœr] *m.*		die Kopfhörer
le scotch [ləskɔtʃ]		das Klebeband
couper [kupe]	Mon couteau ne ~ * pas.	(ab)schneiden
le bas [ləbɑ]	Il faut couper le ~ de la bouteille.	der untere Teil
le haut [ləo]	Je coupe aussi le ~ de la bouteille?	der obere Teil
fixer [fikse]	Il faut ~ les bouteilles avec du scotch.	befestigen
le morceau [ləmɔrso] *Pl.:* **les morceaux**	Prends un ~ de scotch.	das Stück
préféré/e	Le jazz, c'est ma musique ~ *.	Lieblings-
la peinture [lapɛ̃tyr]	Sur la table, il y a des pots de ~.	die Farbe
le vert; vert/e [vɛr; vɛrt]		das Grün; grün
le jaune; jaune [ʒon]		das Gelb; gelb
le rouge; rouge [ruʒ]		das Rot; rot
le bleu; bleu/e [blø]		das Blau; blau
en couleur	C'est une photo ~.	farbig, Farb-
le texte [lətɛkst]	Le ~ de ta B. D. est très intéressant.	der Text
demander [dəmɑ̃de]	«Elle est où, la colle?» ~ * Véronique.	fragen
trop de	Dans notre B. D., il y a ~ textes.	zuviel/e
assez de	On n'a pas ~ couleurs.	genug
la souris [lasuri]		die Maus
la vie [lavi]	C'est un livre sur la ~ des animaux.	das Leben
un peu de	Il faut encore ~ rouge.	ein wenig

EXERCICES	**le rose; rose** [roz]		das Rosa; rosa
	l'orange; orange [ɔrɑ̃ʒ]		das Orangefarbene; orangefarben
	le violet; violet/te [vjɔlɛ; vjɔlɛt]		das Violett; violett
	le marron; marron [marɔ̃] *unveränderlich*		das Braun; braun
	le gris; gris/e [gri; griz]		das Grau; grau
	le noir; noir/e [nwar]		das Schwarz; schwarz
	le blanc; blanc/blanche [blɑ̃; blɑ̃ʃ]		das Weiß; weiß
	ça va ensemble		*hier:* das paßt zusammen
C	**transporter** [trɑ̃spɔrte]	David ~ * les choses pour le pique-nique sur son vélo.	befördern, transportieren
	ce [sə]	Je voudrais prendre une photo de ~ musicien.	dieser/dieses *Demonstrativbegleiter, m. Sg.*
	le navire [lənavir]		das Schiff
	cet [sɛt]	Dans ~ atelier on organise une exposition.	dieser/dieses *Demonstrativbegleiter, m. Sg.*
	le film-vidéo [ləfilmvideo]		der Videofilm
	cette [sɛt]	~ exposition m'intéresse beaucoup.	diese *Demonstrativbegleiter, f. Sg.*
	ils voient [ilvwa]		sie sehen
	voir [vwar]	D'ici on peut ~ le port.	sehen
	la mer [lamɛr]		das Meer
	l'Afrique [lafrik] *f.*		Afrika
	l'Amérique [lamerik] *f.*		Amerika
	ces [se]	~ bols sont en plastique.	diese *Demonstrativbegleiter, Pl.*
	le sac [ləsak]		der Sack
	la farine [lafarin]	Ce navire transporte de la ~.	das Mehl
	la péniche [lapeniʃ]	Les parents d'Anne habitent sur une ~.	der Kahn
	partir pour	De Rouen, la farine ~ * l'Afrique.	*hier:* verschifft werden nach
	le cacao [ləkakao]		der Kakao
	le papier [ləpapje]	Comment est-ce qu'on fait du ~?	das Papier
	le bois [ləbwa]	On fait du papier avec du ~.	das Holz
	une usine [ynyzin]	Près de Rouen, il y a une ~ de papier.	eine Fabrik
	blanc/blanche [blɑ̃; blɑ̃ʃ]		weiß
	être interne [ɛ̃tɛrn]	Anne ~ * dans un collège de Rouen.	Internatsschüler/in sein
	une fois [ynfwa]	David va au club photo ~ par semaine.	einmal
	le mois [ləmwa]	On part dans un ~.	der Monat
	les vacances [levakɑ̃s] *f.*	Anne voit ses parents pour les ~.	die Ferien *Nach den 2monatigen Sommerferien im Juli und August beginnt das neue Schuljahr in Frankreich in der Regel in der ersten Septemberwoche.*
	passer	J'aime bien ~ les vacances à la mer.	*hier:* verbringen
	retrouver [rətruve]	Après les vacances, on ~ * ses copains.	wiederfinden, *hier:* (wieder)-treffen
	le jardin [ləʒardɛ̃]	Mme Stévenin a une maison avec un grand ~.	der Garten
	ouvrir [uvrir]	Tu peux ~ la bouteille, s'il te plaît?	öffnen
	la porte [lapɔrt]	On ne peut pas ouvrir la ~.	die Tür
	sortir [sɔrtir]	On ne peut pas ~.	hinausgehen, *auch:* ausgehen

le parfum [ləparfɛ̃]	das Parfüm
l'eau de Cologne [kɔlɔɲ]	das Kölnisch Wasser
le dé [ləde]	der Würfel
une interview [ynɛ̃tɛrvju]	ein Interview
un exercice [ɛ̃nɛgzɛrsis]	eine Übung
la chanson [laʃɑ̃sɔ̃]	das Lied
le dialogue [lədialɔg]	der Dialog
le cirque [ləsirk]	der Zirkus
la caravane [lakaravan]	der Wohnwagen

D

le pour cent [ləpursɑ̃]	das Prozent
les jeunes [leʒœn] *m.*	die Jugendlichen
la musique classique [klasik]	die klassische Musik
le folk [fɔlk]	der Folk
question posée [kɛstjɔ̃poze] **aux jeunes**	eine an Jugendliche gestellte Frage
la question	die Frage
poser une question	eine Frage stellen
de plus de [dəplydə] **12 ans**	über 12 (Jahre alt)
le roman policier [lərɔmɑ̃pɔlisje]	der Krimi
le roman	der Roman
l'espionnage [lɛspjɔnaʒ] *m.*	die Spionage
la science-fiction [lasjɑ̃sfiksjɔ̃]	die Science-fiction
le roman-photo [lərɔmɑ̃fɔto]	der Fotoroman
les documents [ledɔkymɑ̃] *m.*	*hier:* die Sachtexte
les sciences [lesjɑ̃s] *f.*	die Naturwissenschaften
la technique [latɛknik]	die Technik
le hit-parade [ləitparad]	die Hitparade
faire les boutiques [butik]	einen Bummel durch die Boutiquen machen
la boutique	die Boutique
le jeu [ləʒø]	das Spiel
électronique [elɛktrɔnik]	elektronisch

Le prisonnier est un artiste

le prisonnier [ləprizɔnje]	der Gefangene
un homme [ɛ̃nɔm]	ein Mann
depuis [dəpɥi]	seit
le gardien [ləgardjɛ̃]	der Wächter, der Aufseher
bête [bɛt]	dumm
méchant/e [meʃɑ̃; meʃɑ̃t]	böse
entrer [ɑ̃tre]	hereinkommen
ben [bɛ̃]	nun *umgs.*
penser [pɑ̃se] **à**	denken an
blond/e [blɔ̃; blɔ̃d]	blond
brun/e [brɛ̃; bryn]	braun-, dunkelhaarig
gris/e [gri; griz]	grau
pas de pot! [po]	so ein Pech! *umgs.*
rêver [rɛve]	träumen
les cheveux [leʃəvø] *m.*	die Haare
sûr/e [syr]	sicher
avoir faim de qc	nach etwas hungern, lechzen
dessiner [desine]	zeichnen
la fenêtre [lafənɛtr]	das Fenster
le rond [lərɔ̃]	der Kreis *Kindersprache*
la queue [lakø]	der Schwanz
devenir [dəvnir]	werden
le trou [lətru]	das Loch
en même temps [ɑ̃mɛmtɑ̃]	gleichzeitig
les barreaux [lebaro] *m.*	die Gitter
libre [libr]	frei

UNITÉ 9 A

mettre	Qu'est-ce que tu vas ~, ce soir?	*hier:* anziehen
les jeans [ledʒin] *m.*	À la maison, je mets des ~.	die Jeans
dimanche 12 mai [mɛ]	~, on va à Granville.	Sonntag, 12. Mai
le cousin/la cousine [ləkuzɛ̃; lakuzin]	Séverine, c'est la ~ de Valérie.	der Cousin/die Cousine
faire sa communion [kɔmynjɔ̃]	Aujourd'hui, Séverine ~ *.	zur Erstkommunion gehen
la communion		die Kommunion *Da 81% der französischen Bevölkerung katholisch sind, gehen die meisten Jugendlichen zur Kommunion.*
ce matin	~, on part très tôt.	heute morgen
quel/le [kɛl]	~ * est ton problème?	welche/r/s
le premier [prəmje] **mai**	Le ~, on ne travaille pas.	der 1. Mai, *auch:* am 1. Mai
le/la premier/-ière [ləprəmje; laprəmjɛr]	Prenez la ~ * rue à droite.	der/die/das erste
la Fête du Travail		der Tag der Arbeit
la Fête de Jeanne d'Arc		Jeanne d'Arc-Gedenktag
la Pentecôte [lapɑ̃tkot]		Pfingsten
la Fête des Mères		Muttertag
le pull [ləpyl]		der Pullover
le survêtement [ləsyrvɛtmɑ̃]		der Trainingsanzug
les vêtements [levɛtmɑ̃] *m.*		die Kleidung
le vêtement	Quel est ton ~ préféré?	das Kleidungsstück
faire artiste	Jérôme aime les vêtements qui ~ *.	jdn wie einen Künstler aussehen lassen
la chemise [laʃəmiz]	Je n'aime pas mettre cette ~ blanche.	das Hemd
violet/te [vjɔlɛ; vjɔlɛt]		violett
le pantalon [ləpɑ̃talɔ̃]		die lange Hose
noir/e [nwar]	# blanc/blanche	schwarz
la robe [larɔb]		das Kleid
à la mode [mɔd]	Cette couleur est très ~.	modisch
la mode	La ~ m'intéresse beaucoup.	die Mode
cher [ʃɛr]	J'aime bien la mode, mais c'est ~.	teuer
la boutique [labutik]		die Boutique
arriver en retard à qc	On va ~ la communion.	zu etwas zu spät kommen
rose [roz]		rosa
ridicule [ridikyl]	Ce pull rouge avec des fleurs orange est ~.	lächerlich
en jeans	Valérie veut aller à la communion ~.	in Jeans
tout le monde [tulmɔ̃d]	Elle ne veut pas être comme ~.	alle
penser [pɑ̃se] **à**	Elle ~ * sa cousine.	denken an
élégant/e [elegɑ̃; elegɑ̃t]	La robe de Florence est très ~ *.	elegant
les vêtements du dimanche	Met tes ~!	die Sonntagskleider

EXERCICES

avant [avɑ̃]	# après	vor *zeitlich*
la surprise-partie [lasyrprizparti]		die Party
la jupe [laʒyp]		der Rock
le tee-shirt [lətiʃœrt]		das T-Shirt
les chaussures [leʃosyr] *f.*		die Schuhe
une poésie		*hier:* ein Gedicht

B

la santé [lasɑ̃te]	Alors, la ~, ça va?	die Gesundheit
les parents *m.*		*hier:* die Verwandten
des parents qu'on ne voit pas souvent		Verwandte, die man nicht oft sieht
l'ambiance [lɑ̃bjɑ̃s]	À table, l'~ est bonne.	die Stimmung
dire bonjour à qn	Nicolas ne veut pas ~ Mme Genêt.	jdm guten Tag sagen
la tante [latɑ̃t]	Lucie est la ~ de Valérie.	die Tante

dis donc [didɔ̃k]	Mais ~, on ne part pas?	sag mal
faire une bise [ynbiz] **à qn**	Nicolas ~ * sa cousine.	jdm einen Kuß geben *«Les bises» sind freundschaftliche Küßchen auf die Wangen, die in Frankreich zur Begrüßung und zum Abschied unter Freunden, Verwandten und Bekannten üblich sind.*
un oncle [ɛ̃nɔ̃kl]	L'~ Julien vient de Cherbourg.	ein Onkel
l'oncle que	C'est l'~ Valérie préfère.	der Onkel, den
dire qc à qn	Les enfants ~ * tout ~ l'oncle Julien.	jdm etwas sagen
même [mɛm]	Tout le monde est là, ~ Jacques.	sogar
raconter qc à qn	Véronique aime ~ des histoires ~ son frère.	jdm etwas erzählen
il offre [ilɔfr]		er schenkt
offrir [ɔfrir] **qc à qn**	Nicole ~ * un livre ~ ses parents.	jdm etwas schenken
deviner [dəvine]	Qu'est-ce que c'est? – ~ *!	raten
utiliser [ytilize]	C'est une chose que tu peux ~ à l'école.	gebrauchen
pendant [pɑ̃dɑ̃]	Qu'est-ce que tu fais ~ les vacances?	während
commencer par [kɔmɑ̃separ] **qc**	Ce mot ~ * un «c».	mit etwas beginnen
le canot pneumatique [ləkanopnømatik]		das Schlauchboot
autre [otr]	Est-ce que tu veux écouter une ~ cassette?	andere/r/s
donner [dɔne] **qc à qn**	Tout le monde ~ * des cadeaux ~ Séverine.	jdm etwas geben
être dans la lune [lalyn]	L'oncle Albert ~ * toujours ~.	mit seinen Gedanken ganz woanders sein
la lune		der Mond
Bon anniversaire! [bɔ̃nanivɛrsɛr]	~, Séverine!	Herzlichen Glückwunsch zum Geburtstag!
un anniversaire	Qu'est-ce qu'on achète pour l'~ de Patrick?	ein Geburtstag
la fête	Ta ~, c'est quand?	*hier:* der Namenstag *In Frankreich ist es üblich, den Namenstag zu feiern. Ihm wird manchmal größere Bedeutung beigemessen als dem Geburtstag.*
elle est toujours après ses enfants		sie ist immer hinter ihren Kindern her
monter [mɔ̃te]	Nicolas aime ~ aux arbres.	(hinauf)steigen
dangereux/-se [dɑ̃ʒrø; dɑ̃ʒrøz]	Mais pour tante Lucie, c'est trop ~.	gefährlich
ils sont dans mes jambes		sie laufen mir vor den Füßen herum
la jambe [laʒɑ̃b]		das Bein
les jeunes [leʒœn] *m.*	Les ~ aiment écouter de la musique.	die jungen Leute
on boit [ɔ̃bwa]	~ de la limonade.	man trinkt
boire [bwar] **qc à la santé de qn**	Tout le monde ~ * une limonade ~ Séverine.	etwas auf jemandes Wohl trinken
le champagne [ləʃɑ̃paɲ]		der Champagner
tonton [tɔ̃tɔ̃]	= oncle	Onkel *Kindersprache*
la chanson [laʃɑ̃sɔ̃]	J'aime bien les ~ * de Renaud.	das Lied

9 B

Parlez-moi d'amour [parlemwadamur]		Laß uns von der Liebe reden
l'amour [lamur] *m.*		die Liebe
redire [rədir]		noch einmal sagen, wiederholen
tendre [tɑ̃dr]		zärtlich

C

la bêtise [labetiz]	Les enfants vont faire des ~ *.	die Dummheit
avoir mal au cœur [kœr]	Tu manges trop. Tu vas ~.	Übelkeit empfinden
le mal *Pl.:* **les maux**	J'ai le ~ à la tête.	der Schmerz
le cœur		das Herz
déjà [deʒa]	Tu travailles ~?	schon
demander qc à qn	Jacques ~ * un stylo ~ son ami.	jdn um etwas bitten
le gâteau [ləgɑto] *Pl.:* **les gâteaux**		der Kuchen
la plage [laplaʒ]	Il y a une grande ~ près de Granville.	der Strand
ou alors		es sei denn
la falaise [lafalɛz]	Nicolas veut monter sur la ~.	die Steilküste, die Klippe
au mois de mai	~, il n'y a pas beaucoup de touristes.	im Mai
le coquillage [ləkɔkijaʒ]	Sur la plage, on trouve de jolis ~ * et	die Muschel
une étoile [ynetwal] **de mer**	des ~ *.	ein Seestern
une étoile		ein Stern
pendant ce temps	Véronique va au supermarché. ~, Jacques range l'appartement.	währenddessen
au pied de	Les garçons jouent ~ la falaise.	am Fuße des/der ... , unter dem/der ...
le truc [lətryk]	Regarde ce ~ en plastique!	das Ding *umgs.*
passer	Le temps ~ * vite.	*hier:* vergehen
sortir de qc	Les enfants ~ * l'eau.	*hier:* aus etwas herauskommen
Ça ne va pas, la tête?		Du bist wohl nicht recht bei Trost!
là-haut [lao]	Il est où, Nicolas? – ~.	da oben, dort oben
en haut [ɑ̃o]	D'~, on peut voir la mer.	oben
pour un rien	Tante Lucie fait des histoires ~.	wegen nichts und wieder nichts
au bord [obɔr] **de**	Les enfants jouent ~ la falaise.	am Rand der/des ...
tout à coup [tutaku]	~, Nicolas n'est plus là.	plötzlich
avoir très peur [pœr]	Valérie ~ *.	große Angst haben
la peur		die Angst
tomber [tɔ̃be]	Nicolas va peut-être ~.	herunterfallen, hinfallen, stürzen
cinq minutes après	~, ils montent sur la falaise.	fünf Minuten später
appeler [aple]	Ils ~ * Nicolas.	rufen
répondre [repɔ̃dr]	Mais Nicolas ne ~ * pas.	antworten
la guerre [lagɛr]	Tout à coup, les enfants voient un truc de la ~.	der Krieg
découvrir [dekuvrir]	Ils ~ * Nicolas.	entdecken
le blockhaus [ləblɔkos]	Au bord de la falaise, il y a un ~.	*Militärschutzbunker aus dem 2. Weltkrieg*
le trou [lətru]	Dans la falaise, on voit un grand ~ noir.	das Loch
descendre [desɑ̃dr]	Le trou ~ * dans la falaise.	hinuntersteigen, *hier:* hinunterführen
remonter [rəmɔ̃te]	Nicolas ne peut pas ~	wieder hinaufsteigen
avoir peur de qc	et il ~ * noir.	vor etwas Angst haben
la bête [labɛt]	Dans le trou, Nicolas voit des ~ * qui le regardent.	das Tier
Qu'est-ce que tu vas prendre!		Du kannst dich auf etwas gefaßt machen!

formidable [fɔrmidabl]		toll, klasse

D

la colère [lakɔlɛr]		die Wut, der Zorn

UNITÉ 10 A

bientôt [bjɛ̃to]	On va ~ partir.	bald
on a fermé [fɛrme]		wir haben geschlossen
fermer	Il faut ~ la porte.	schließen
le ciel [ləsjɛl]	Le ~ est bleu.	der Himmel
la fin [lafɛ̃]	C'est la ~ du mois.	das Ende
une année scolaire [ynaneskɔlɛr]	L'~ commence au mois de septembre.	ein Schuljahr
la cour [lakur]	Pendant la récréation, les élèves sont dans la ~.	der Hof
aïe! [aj]		aua!
lancer [lɑ̃se]		werfen
le ballon [ləbalɔ̃]	On ne joue pas au foot avec un ~ de volley!	der Ball
on n'a pas fait exprès [ɛksprɛ]	Pardon, ~!	wir haben es nicht absichtlich getan
c'est encore heureux		*hier:* das ist ja wenigstens erfreulich
quand même [kɑ̃mɛm]		trotzdem, dennoch
rester en vie		am Leben bleiben
une année	Qu'est-ce que vous faites cette ~?	ein Jahr
faire du camping [kɑ̃piŋ]	Cette année, on ~ * en Normandie.	zelten
le camping	Le ~, c'est super.	das Zelten, das Campen, *auch:* der Campingplatz
l'année dernière [dɛrnjɛr]	On a visité Rouen l'~.	das letzte/vergangene Jahr; im letzten/vergangenen Jahr
dernier/-ière [dɛrnje; dɛrnjɛr]	Lundi ~ *, j'ai acheté un livre sur les Landes.	letzte/r/s, vergangene/r/s
adorer [adɔre]	J'~ * la mer.	sehr gern mögen
la montagne [lamɔ̃ntaɲ]	Moi, je préfère la ~.	der Berg, das Gebirge
ben [bɛ̃]	= eh bien	nun *umgs.*
en montagne	Moi aussi, j'aime bien aller ~.	im Gebirge
voir		*hier:* verstehen
la lettre [lalɛtr]	Valérie écrit une ~ à Nicole.	der Brief, *auch:* der Buchstabe
cher/chère [ʃɛr]	~ Patrick/Nicole,	*hier:* lieber/liebe *Anrede*
merci beaucoup de	~ ta lettre.	vielen Dank für
qu'est-ce que tu veux		*hier:* das ist nun mal so
en juin	= au mois de juin	im Juni
été [ete]	J'ai ~ à Granville.	gewesen *Partizip von* être
fêter [fɛte]	On va ~ l'anniversaire de Fabienne.	feiern
hier [jɛr]	~, Sophie a donné un concert.	gestern
formidable [fɔrmidabl]		toll, klasse
la piscine [lapisin]		das Schwimmbad
le voyage [ləvwajaʒ]	Nous avons fait un ~ en France.	die Reise
partir en	Est-ce que tu ~ * vacances, cette année?	fahren nach/in
la colonie [lakɔlɔni] **de vacances**	La ~ est près de Saint-Raphaël.	das Ferienlager
passer en quatrième [katrijɛm]	Je ~ *.	in die „4." Klasse versetzt werden *entspricht im Deutschen der 8. Klasse*
la quatrième		die „4." Klasse *im Deutschen die 8. Klasse*
redoubler [rəduble]	Sophie est triste parce qu'elle ~ *.	eine Klasse wiederholen, sitzen bleiben
donner le bonjour à qn	~ * ta famille.	jdn grüßen lassen
grosses bises		herzliche Küsse *Briefschluß*

10 A	**gros/se** [gro; gros]	Ce chat est trop ~ *.	dick
	revenir [rəvnir]	Tu ~ * quand?	zurückkommen
B	**attendu** [atɑ̃dy]	J'ai ~ jusqu'à 3 heures.	gewartet *Partizip von* attendre
	le moment [ləmɔmɑ̃]	Attendez un ~!	der Moment
	vu [vy]	Jérôme a ~ Sophie dans la cour.	gesehen *Partizip von* voir
	il ne faut pas faire cette tête		*hier:* mach nicht so ein Gesicht!
	honnête [ɔnɛt]	Il faut être ~.	ehrlich
	surtout [syrtu]	Sophie a ~ fait de la musique.	vor allem
	fait	Elle n'a pas ~ ses devoirs.	getan *Partizip von* faire
	le test [lətɛst]	La note de son dernier ~ a été très mauvaise.	der Test
	répondu [repɔ̃dy]	Elle n'a pas encore ~ à la lettre de son amie.	geantwortet *Partizip von* répondre
	la question [lakɛstjɔ̃]	Je ne comprends pas cette ~.	die Frage
	compris [kɔ̃pri]	Je n'ai rien ~ au dernier test.	verstanden *Partizip von* comprendre
	dit [di]	Pourquoi tu n'as rien ~?	gesagt *Partizip von* dire
	noter		*hier:* bemerken, feststellen
	le progrès [ləprɔgrɛ]	Sophie n'a pas fait de ~.	der Fortschritt
	allons	~, ne fais pas de bêtises.	*hier:* schon gut
	pleurer [plœre]	Il ne faut pas ~.	weinen
	prochain/e [prɔʃɛ̃; prɔʃɛn]	L'année ~ *, je vais travailler.	nächste/r/s
	le/la prof [prɔf]	= le professeur	der/die Lehrer/in *umgs.*
	devenir [dəvnir]	Sophie ne veut pas ~ prof.	werden
	méchant/e [meʃɑ̃; meʃɑ̃t]	Il n'est pas ~ *, M. Martin.	böse, boshaft
	au moins [omwɛ̃]	Mais il a ~ 35 ans.	mindestens
	entrer [ɑ̃tre] **au lycée** [lise]	L'année prochaine, Jérôme va ~.	*hier:* ins Gymnasium kommen
	le lycée		das Gymnasium *Das «lycée» schließt sich an das 4jährige «collège» an. Es umfaßt 3 Jahre, führt bis zum Abitur und entspricht den deutschen Klassen 10 – 12. Französische Schüler brauchen somit bis zum Abitur in der Regel ein Jahr weniger als deutsche Schüler.*
	entrer	~ *, s'il vous plaît!	*hier:* hereinkommen
	passer	Tu peux ~ à la maison?	*hier:* vorbeikommen
	tout à l'heure [tutalœr]	= dans un moment	gleich (mal)
	écrit [ekri]	Valérie a ~ une lettre à Nicole.	geschrieben *Partizip von* écrire
	la cigale [lasigal]		die Grille
	la fourmi [lafurmi]		die Ameise
	la fable [lafabl]	Dans sa ~, La Fontaine parle de la cigale et de la fourmi.	die Fabel
	tu es modeste [mɔdɛst], **dis donc!**		Du bist aber ganz schön bescheiden!
	modeste	Jérôme n'est pas très ~.	bescheiden
	c'est normal		das ist normal
	bête [bɛt]	Qu'est-ce que tu es ~!	dumm, töricht
	à tout à l'heure!	Bon alors, ~!	bis gleich
EXERCICES	**nous sommes en janvier**	Maintenant, ~.	wir haben Januar
	l'été [lete] *m.*		der Sommer
	en été [ɑ̃nete]	~, nous allons dans les Landes.	im Sommer
C	**le journal**	Sophie écrit un ~.	*hier:* das Tagebuch
	eu [y]	Elle a ~ des problèmes avec ses parents.	gehabt *Partizip von* avoir
	la discussion [ladiskysjɔ̃]	Ils ont eu une ~ terrible.	die Diskussion, der Streit

voulu [vuly]	Sophie a ~ discuter avec ses parents.	gewollt *Partizip von* vouloir
le résultat [lərezylta]	Quel est le ~ de ton travail?	das Ergebnis
en classe	Tu n'as rien fait ~.	*hier:* in der Schule, im Unterricht
expliquer [ɛksplike]	Je ne peux pas ~ ce mot.	erklären
pu [py]	Sophie n'a pas ~ discuter avec ses parents.	gekonnt *Partizip von* pouvoir
regretter [rəgrɛte]	Tu viens? – Non, je ~ *, je ne peux pas.	bedauern
clair/e [klɛr]	Une chose est ~.	klar
faire les deux	On peut ~.	beides tun
appris [apri]	Je n'ai rien ~ en classe.	gelernt *Partizip von* apprendre
apprendre [aprɑ̃dr]	On va ~ beaucoup de choses.	lernen
mieux [mjø]	Ça va un peu ~?	besser
la glace [laglas]	Jérôme a mangé une ~ et ~ une limonade.	das Eis
bu [by]		getrunken *Partizip von* boire
gentil/le [ʒɑ̃ti; ʒɑ̃tij]	Il a été très ~ avec sa copine.	nett
comme tout	Il est gentil ~, ce prof.	überaus, unwahrscheinlich *umgs.*
faire une classe de conservatoire [kɔ̃sɛrvatwar]	Dans deux ans, Sophie peut ~.	eine Klasse mit verstärktem Musikunterricht besuchen
le conservatoire	Le frère de Nicole va entrer au ~.	die Musikhochschule
pour ça		dafür

EXERCICES

le renseignement [lərɑ̃sɛɲmɑ̃]	Je voudrais avoir des ~ * sur les Landes.	die Auskunft, die Information
un instrument [ɛ̃nɛ̃strymɑ̃]	Je joue déjà d'un ~.	ein (Musik)Instrument
l'Opéra [lɔpera] **de Paris**		*die Pariser Oper*
un opéra	Nous avons vu un ~, hier.	eine Oper
libre [libr]	Est-ce que cette place est ~?	frei
classique [klasik]	C'est un concert de guitare ~.	klassisch

Pourquoi les fourmis ont quelquefois des ailes

p'tit [pti]	= petit/e	klein
du matin au soir		von morgens bis abends
le/la gosse [gɔs]	= l'enfant	das Kind *umgs.*
bosser [bɔse]	= travailler	schuften *umgs.*
pour		*hier:* um . . . zu
avoir		*hier:* erlangen
de jolies situations [sityasjɔ̃]		gute Stellungen
gagner		*hier:* verdienen
tout plein de ronds [tuplɛ̃drɔ̃]		Geld wie Heu
pour guitare		als Gitarre
le dollar [lədɔlar]		der Dollar
il fait un froid de canard [ɛ̃frwadkanar]		es ist saukalt *umgs.*
le canard		die Ente
avoir le cafard [ləkafar]		deprimiert sein
entre [ɑ̃tr]		zwischen
mon/ma chéri/e [ʃeri]		mein Liebling
prendre qc pour qc		etwas für etwas halten
t'as pris	= tu as pris	du hast genommen, gehalten
une sorte [ynsɔrt] **de**		eine Art (von)
le music-hall [ləmyzikol]		das Varieté
avoir du talent [talɑ̃]		begabt sein
y a pas [japɑ] **d'**	= il n'y a pas de	es gibt keine
le perdant [ləpɛrdɑ̃]		der Verlierer
le gagnant [ləgaɲɑ̃]		der Gewinner
les bons [lebɔ̃]		die guten Menschen
les méchants		die Bösewichter
y a [ja]	= il y a	es gibt

10

seulement [sœlmɑ̃]		nur, lediglich
différent/e [diferɑ̃; diferɑ̃t]		unterschiedlich
envier [ɑ̃vje] **qc à qn**		jdn um etwas beneiden
faire do ré mi fa sol [doremifasɔl]		*hier:* die Tonleiter spielen
do ré mi fa sol		c-d-e-f-g
j'colle	= je colle	ich klebe
coller [kɔle] **à qc**		an etwas kleben
la terre [latɛr]		der Boden, die Erde
je sais pas	= je ne sais pas	*hier:* ich kann nicht
c'est pas d'bol [pɑdbɔl]		das ist ein Pech *umgs.*
découper [dekupe] **qc dans qc**		etwas aus etwas ausschneiden
couleur de ciel		himmelblau
coller qc sur qc		etwas auf etwas kleben
le dos [lədo]		der Rücken

UNITÉ 11 A

une aventure [ynavɑ̃tyr]	Quelle ~!	ein Abenteuer
le début [lədeby]	Je n'ai pas entendu le ~ de l'histoire.	der Anfang, der Beginn
(ê)**arrivé/e** [arive]		angekommen *Partizip von* arriver
une auberge de jeunesse [ynobɛrʒdəʒœnɛs]	Ils vont à l'~.	eine Jugendherberge
(ê)**allé/e** [ale]	D'abord, ils sont ~ * sur la plage.	gegangen *Partizip von* aller
faire qc en premier	Qu'est-ce que tu veux ~?	etwas zuerst tun
ensuite [ɑ̃sɥit]	= après	dann, danach
(ê)**monté/e** [mɔ̃te]	Ils sont ~ * sur la falaise.	hinaufgestiegen *Partizip von* monter
les remparts [lerɑ̃par] *m.*	Ils ont vu les ~ de la ville.	der Festungswall, die Stadtmauer
(ê)**entré/e** [ɑ̃tre]	Les enfants sont aussi ~ * au musée de Quic-en-Groigne.	hereingekommen *Partizip von* entrer, *hier:* gegangen
le tableau [lətablo] *Pl.:* **les tableaux**	Ils ont vu un ~ de Surcouf.	das Gemälde, das Bild
un grand homme [ɛ̃grɑ̃tɔm]	Voilà une statue d'un ~ de Saint-Malo.	ein großer, berühmter Mann
l'homme *m.*	~ que tu vois là-bas, c'est mon professeur.	der Mann, *auch:* der Mensch
le corsaire [ləkɔrsɛr]	Mohammed a acheté un livre sur les ~ *.	der Korsar
mais enfin		*hier:* also
la différence [ladiferɑ̃s]	Il y a une grande ~	der Unterschied
entre [ɑ̃tr]	~ ces deux solutions.	zwischen
le pirate [ləpirat]	Un corsaire n'est pas un ~.	der Seeräuber, der Pirat
le pays [ləpɛi]	La France est un grand ~.	das Land
appeler	Tu ~ * ça «travailler»?	*hier:* nennen
faire la traite [latrɛt] **des Noirs**	Surcouf a ~ *.	Sklavenhandel betreiben
la traite		der Handel
le/la Noir/e		der/die Schwarze
tuer [tɥe]	Il a ~ * des gens.	töten
un tas [ɛ̃tɑ] **de**	= beaucoup de	viele, eine Menge (von)
une époque [ynepɔk]		das Zeitalter, die Zeit
être en guerre		Krieg führen
alors		*hier:* damals
l'Angleterre [lɑ̃glətɛr] *f.*		England
attaquer [atake]	Surcouf a ~ * des corsaires anglais.	angreifen
le boulot [ləbulo]	= le travail	die Arbeit *umgs.*
le courage [ləkuraʒ]	Surcouf a du ~	der Mut
l'imagination [limaʒinasjɔ̃] *f.*	et de l'~.	die Phantasie
par exemple [parɛgzɑ̃pl]	Les enfants aiment les histoires, ~ les histoires de corsaires.	zum Beispiel
arriver		*hier:* geschehen, passieren

11 A

pour de vrai	Est-ce que l'histoire de Surcouf est arrivée ~?	wirklich
le bateau [ləbato] *Pl.:* **les bateaux**	Les hommes ont vu un ~ anglais.	das Schiff
mais alors		*hier:* dann
prendre la fuite [lafɥit]	Surcouf ne peut pas ~.	die Flucht ergreifen
un/e Anglais/e [ɛ̃nɑ̃glɛ; ynɑ̃glɛz]	Les ~ * sont trop près.	ein/e Engländer/in
gagner du temps	Il faut ~.	Zeit gewinnen
une excursion [ynɛkskyrsjɔ̃]	La classe de Valérie a fait une ~.	ein Ausflug
oublier [ublije]	J'ai ~ * le livre sur Saint-Malo.	vergessen
continuer	~ *, Mohammed, on t'écoute!	*hier:* weitermachen, fortfahren

B

la suite [lasɥit]	Mohammed raconte la ~ de l'histoire.	die Fortsetzung
^(ê)^**sorti/e**		hinausgegangen *Partizip von* sortir
sortir du port	Le bateau ~ *.	*hier:* auslaufen
content/e [kɔ̃tɑ̃; kɔ̃tɑ̃t]	Les élèves sont ~ *.	zufrieden
sauf [sof]	Tout le monde est là, ~ Nicole.	außer
continuer	Mohammed ~ * son histoire.	*hier:* fortsetzen
il doit [ildwa]	~ faire quelque chose.	er muß
le marin [ləmarɛ̃]	Dans le port, on a vu beaucoup de ~ *.	der Seemann, der Matrose
le prisonnier [ləprizɔnje]	Le marin met les vêtements d'un ~ anglais.	der Gefangene, der Häftling
remplacer [rɑ̃plase] **qc par qc**	Il ~ * ses vêtements ~ des vêtements anglais.	etwas durch etwas ersetzen
le drapeau [lədrapo] *Pl.:* **les drapeaux**	Quelles sont les couleurs du ~ français?	die Fahne, die Flagge
le rôle [lərol]	Un marin joue le ~ de l'Anglais.	die Rolle
le capitaine [ləkapitɛn]	Il parle au ~ du bateau anglais.	der Kapitän
crier [krije]	Le capitaine ne l'entend pas. Alors il doit ~.	schreien
^(ê)^**parti/e** [parti]	Vous êtes ~ * à quelle heure?	abgefahren *Partizip von* partir
il y a	Les élèves sont arrivés à Saint-Malo, ~ deux jours.	*hier:* vor *zeitlich*
le paquet [ləpakɛ]	Le capitaine a des ~ * pour les marins.	das Paket
protester [prɔtɛste]	Patrick ~ * toujours.	protestieren
tout de suite [tutsɥit]	Quand est-ce qu'on part? – ~.	sofort
le canot [ləkano]	Les hommes sont dans un ~.	das Boot, Beiboot
mettre qc à la mer	Les marins ~ * un canot ~.	*hier:* etwas ins Wasser lassen
bien	Mohammed est ~ sympa.	*hier:* sehr
arrêter [arɛte]	Tu parles trop. ~ *!	aufhören
ça alors!		na sowas! nanu!
ressembler [rəsɑ̃ble] **à qc**	«Le Hunter» ~ * «La Confiance».	einer Sache ähneln
depuis [dəpɥi]	Les élèves sont à Saint-Malo ~ deux jours.	seit
hein?		*hier:* was?
à cette époque	~, les Anglais ne disent pas «super».	damals
ce n'est pas banal [banal]		das ist aber ungewöhnlich
mettre qn à l'eau	On va te ~.	jdn ins Wasser werfen

EXERCICES

le château [ləʃɑto] *Pl.:* **les châteaux**		das Schloß
un aquarium [ɛ̃nakwarjɔm]		ein Aquarium
le fort [ləfɔr]		das Fort
national/e [nasjɔnal]		national
une île [ynil]		eine Insel
une horloge [ynɔrlɔʒ]		eine Turmuhr

C

une île [ynil]	Les élèves sont sur une ~.	eine Insel
(ê)**descendu/e** [desɑ̃dy]	Ils sont ~ * du bateau.	*hier:* ausgestiegen *Partizip von* descendre
le ballon-prisonnier	Ils ont joué au ~.	Völkerball
(ê)**resté/e** [rɛste]	Ils sont ~ * sur la plage pendant 2 heures.	geblieben *Partizip von* rester
longtemps [lɔ̃tɑ̃]	Mais ils ne sont pas restés ~ sur le bateau.	lange
Où est-ce qu'on en est?		*hier:* Wo sind wir stehen geblieben?
soit-disant [swadizɑ̃]	Surcouf est ~ le prisonnier des Anglais.	angeblich
goûter [gute] **à qc**	Ce soir, on va ~ la cuisine française.	etwas probieren, versuchen
presque [prɛsk]	David est ~ toujours en retard.	fast
sur l'ordre de	~ Surcouf, les marins mettent des vêtements anglais.	auf Befehl von
couler [kule]	Le canot ~ *.	versinken
fou/folle [fu; fɔl]	Il est ~ *, Surcouf!	verrückt
pas du tout	– Mais ~.	ganz und gar nicht, überhaupt nicht
faire demi-tour [dəmitur]	«La Confiance» ~ *.	umkehren
poser [poze] **des questions à qn**	Les Anglais ~ * aux marins.	jdm Fragen stellen
pas un seul mot d'anglais	Les marins ne parlent ~.	kein Wort Englisch
dedans [dədɑ̃]	Voilà un paquet pour toi. – Qu'est-ce qu'il y a ~?	darin, drinnen
qu'est-ce que ça peut faire?		*hier:* was macht das schon?
le sens [ləsɑ̃s]	Quel est le ~ de ce mot?	der Sinn
la phrase [lafraz]	Je ne comprends pas cette ~.	der Satz
l'humour [lymur] *m.*	L'~ et toi, ça fait deux.	der Humor
(ê)**devenu/e** [dəvəny]	Mon amie est ~ * journaliste.	geworden *Partizip von* devenir
qu'est-ce qu'ils vont devenir?		*hier:* was wird aus ihnen werden?
échanger [eʃɑ̃ʒe] **qn contre qn**	Surcouf va les ~ des prisonniers anglais.	jdn gegen jdn eintauschen
à l'heure [alœr]	Je suis arrivé/e ~.	rechtzeitig
repartir [rəpartir] **pour**	Ce soir, on ~ * Rouen.	wieder abreisen nach
nouveau/nouvelle [nuvo; nuvɛl]	Mon père veut acheter une ~ * voiture.	neu
une étape [ynetap]	Une nouvelle ~ de la vie va commencer!	ein Abschnitt

EXERCICES

pendant trois siècles [sjɛkl]		drei Jahrhunderte lang
le siècle		das Jahrhundert
le million [ləmiljɔ̃]		die Million
le Blanc/la Blanche		der/die Weiße
traiter [trɛte]		behandeln
la Révolution [larevɔlysjɔ̃]		*hier:* die Französische Revolution
la loi [lalwa]		das Gesetz
interdire [ɛ̃tɛrdir]		verbieten
l'esclavage [lɛsklavaʒ] *m.*		die Sklaverei
sans conséquences [kɔ̃sekɑ̃s]		ohne (jede) Bedeutung
la conséquence		die Auswirkung, die Bedeutung
au début		zu Anfang
le 19e [lədiznœvjɛm] **siècle**	= le dix-neuvième siècle	das 19. Jahrhundert
rétablir [retablir]		wiederherstellen, wiedereinführen
environ [ɑ̃virɔ̃]		ungefähr, etwa
mettre fin à qc		einer Sache ein Ende setzen

LISTE ALPHABÉTIQUE DES MOTS Alphabetisches Wörterverzeichnis

Rezeptiver Wortschatz ist kursiv gedruckt.

A

à 1A
à cause de 7B
à côté de 6B
à droite 4C
à gauche 4C
à l'heure 11C
à tour de rôle 5C
une abbaye 6A
acheter 4A
une activité 8
adorer 10A
l'Afrique *f.* 8C
un âge 5B
aider 5B
une aile 7C
ailleurs 4B
aimer 4B
l'Allemagne *f.* 2B
allemand 2B
un aller 6B
aller 2B
un aller-retour 6B
allô 2B Ex / 6A
alors (Bonjour)
l'ambiance *f.* 9B
l'Amérique *f.* 8C
un/e ami/e 2A
un amour 9B Ex
un an 5B
anglais 2B Ex / 8A
un/e Anglais/e 11A
l'Angleterre f. 11A
un animal/les -aux 5A
une année (scolaire) 10A
un anniversaire 9B
un appartement 5B
appeler 9C / 11A
apprendre 10C
après 4C
l'après-midi *m./f.* 7A
un aquarium 11B Ex
arabe 3A
un arbre 6C
arrêter 11B
arriver 1B / 11A
un/e artiste 3A
un aspirateur 5C
assez (de) 7A / 8B
un atelier 8A
attaquer 11A
attendre 6A / 7B
une auberge de jeunesse 11A
au bord de 9C
au fait 7B
aujourd'hui 7A
au moins 10B
au revoir (Bonjour)
aussi 2B
un auteur 2C
autre 9B
avant 9A Ex
avec 2A
une aventure 11A
une avenue 3B Ex / 4C
un avis 5A
avoir 3B

B

le baby-foot 6C Ex
le bac 6C
la balade 6A
le ballet 3B
le ballon 10A
le ballon-prisonnier 11C
banal 11B
le bar-tabac 1A Ex
le bas 8B
les baskets *m./f.* 5A
le bateau/les -x 11A
la B.D. 8A
beaucoup (de) 4B / 5B / 8B
la bête 9C
bête 10B
la bêtise 9C
bien 1B / 2A
bien sûr 3B
bientôt 10
le billet 3C / 4C / 6B
la bise 9B
blanc/blanche 8B Ex / 8C
le Blanc / la Blanche 11C Ex
bleu/e 8B
le blockhaus 9C
le/la blond/e 1B
boire 9B
le bois 8C
le bol 5B
bon 3B
bon/ne 7A
bonjour (Bonjour)
bonsoir 2B
le boulot 11A
la bouteille 8B
la boutique 9A
bravo 3C
le bricolage 8A
le bruit 7C
le bus 6A
la buvette 6B

C

ça/ce 5B / 4C
le cacao 8C
le cadeau/les -x 4A
le café 1A Ex / 4B
le cahier 5A
la campagne 4B
le camping 10A
le canot pneumatique 9B
la cantine 7A
le caoutchouc 7C
le capitaine 11B
le car 6A
la caravane 8C Ex
la carte 6C
le carton 8B
la cassette 5A
la catastrophe 5B
la cathédrale 4B
ce/cet/cette/ces 8C
le centre 2C
la chambre 2A
le champagne 9B
le/la champion/ne 3A
la chanson 7C Ex / 8C Ex / 9B
chanter 3A
le chat 2A
le château/les -x 11B Ex
le chauffeur 6B
les chaussures f. 9A Ex
la chemise 9A
cher/chère 9A / 10A
chercher 1B
le cheval/les -aux 3B
chez 2
le chocolat 7A Ex
la chose 5C
chouette 2B
le cidre 6B
le ciel 10A
la cigale 10B
le cinéma 6A
la cinquième 3A
le cirque 8C Ex
clair/e 10C
la classe 3A
classique 10C Ex
le clown 3A
le club 3A
le coca 6B
le cœur 9C
la colle 8B
le collège 7
la colonie de vacances 10A
combien 6B
comme 2B
commencer par 9B
comment 2A
la communion 9A
comprendre 7B
le concert 3B
la conduite 3C
la confiture 6B
la conséquence 11C Ex
le conservatoire 10C
content/e 11B
continuer 4C / 11A / 11B
contre 3C

la conversation **3C**
le copain/la copine **7B**
le coquillage **9C**
le correspondant/
la correspondante **1A**
le corsaire **11A**
couler **11C**
la couleur **8A**
couper **8B**
la cour **10A**
le courage **11A**
le cours **7A**
les courses *f.* **5C**
le cousin/la cousine **9A**
le couteau/les -x **8B**
le couvert **5B**
la crêpe **6B**
crier **11B**
la cuisine **2A**

D

d'abord **4C**
d'accord **2A**
la dame **4B**
dangereux/-se **9B**
dans **2A**
la danse **3A**
danser **3A**
de **1A**
de ... à **7A**
le dé **8C Ex**
le début **11A**
décider **5C**
découvrir **9C**
dedans **11C**
déjà **9C**
déjeuner **7C**
demain **4A**
demander **8B / 9C**
demi/e **6B**
le départ **4A**
dépendre **7B**
le dépliant **8A**
depuis ... **11B**
dernier/-ière **10A**
derrière **4C**
descendre **9C**
le désordre **5**
le dessin **7A**
devant **4C**
devenir **10B**
deviner **9B**
la devinette **6C Ex**
le devoir **4A**
le dialogue **8C Ex**
la dictée **7A**
la différence **11A**
difficile **7A**
dire **4A / 6C**
la discussion **10C**
discuter (de) **5A / 7B**
la disquette **5A**
distribuer **7B Ex**
divorcé/e **6A**
dommage **7B**
donc **9B**
donner **9B**
le drapeau/les -x **11B**
drôle **3A**
du **6B**

E

une eau minérale **6B**
l'eau *f.* **8B**
l'eau de Cologne **8C Ex**
échanger **11C**
les échecs m. **6C Ex**
une école **3A**
écouter **2B**
les écouteurs *m.* **8B**
écrire **7A**
une église **4B**
élégant/e **9A**
un/e élève **3A**
elle/elles **3A / 3C**
un emploi du temps **7A**
E.M.T. **7A**
en **2B**
encore **3C**
un/e enfant **4A**
enfin **1A**
en haut **9C**
ensemble **8A**
ensuite **11A**
entendre **7C**
entre **11A**
entrer **10B**
environ **11C Ex**
les environs *m.* **6A**
épeler **7B**
une époque **11A**
l'esclavage m. **11C Ex**
espérer **5B**
est-ce que **2B**
et **1A**
une étape **11C**
l'été m. **10B Ex**
une étoile **9C**
être **(Bonjour)**
eux **5C**
une excursion **11A**
un exercice **8C Ex**
expliquer **10C**
une exposition **8A**
exprès **10A**

F

la fable **10B**
la faim **6B**
faire **3A**
faire demi-tour **11C**
faire un tour **4A**
la falaise **9C**
la famille **1B**
fantastique **3A**
la farine **8C**
il faut **5C / 8B**
la faute **7B**
faux/-sse **3A**
fermé/e **4C**
fermer **10A**
la fête **3 / 9B**
fêter **10A**
la fille **4A**
le film-vidéo **8C**
le fils **5B**
la fin **10A**
fixer **8B**
la fleur **6C**
une fois **8C**
le foot **3A**
la forêt **6A**
formidable **9C Ex / 10A**
le fort **11B Ex**
fou/folle **11C**
la fourmi **10B**
le franc **3C**
français **2B**
la France **2B**
le frère **1A**
les frites *f.* **7C**
le fromage **6B**
la fuite **11A**

G

gagner **3A**
gai/e **5A**
le garage **1A Ex**
le garçon **5B**
la gare **1A**
le gâteau/les -x **9C**
les gens *m./f.* **4B**
gentil/le **10C**
la géographie **2B**
la glace **10C**
le goûter **3A**
goûter à **11C**
grand/e **5B**
la grand-mère **2C**
le grand-père **2C**
gris/e **8B Ex**
gros/se **10A**
le groupe **3A**
la guerre **9C**
le guide **4C**
la guitare **8A**
le gymnase **6A Ex**
la gymnastique **7A**

H

habiter **2B**
les halles f. **6B Ex**
le hamburger **6B**
le haut **8B**
le haut-parleur **8B**
une heure **6A**
heureux/-se **6C**
hier **10A**
une histoire **4C Ex / 5C**
le hobby **8A Ex**
le hockey **5B Ex**

Q

R

S

T

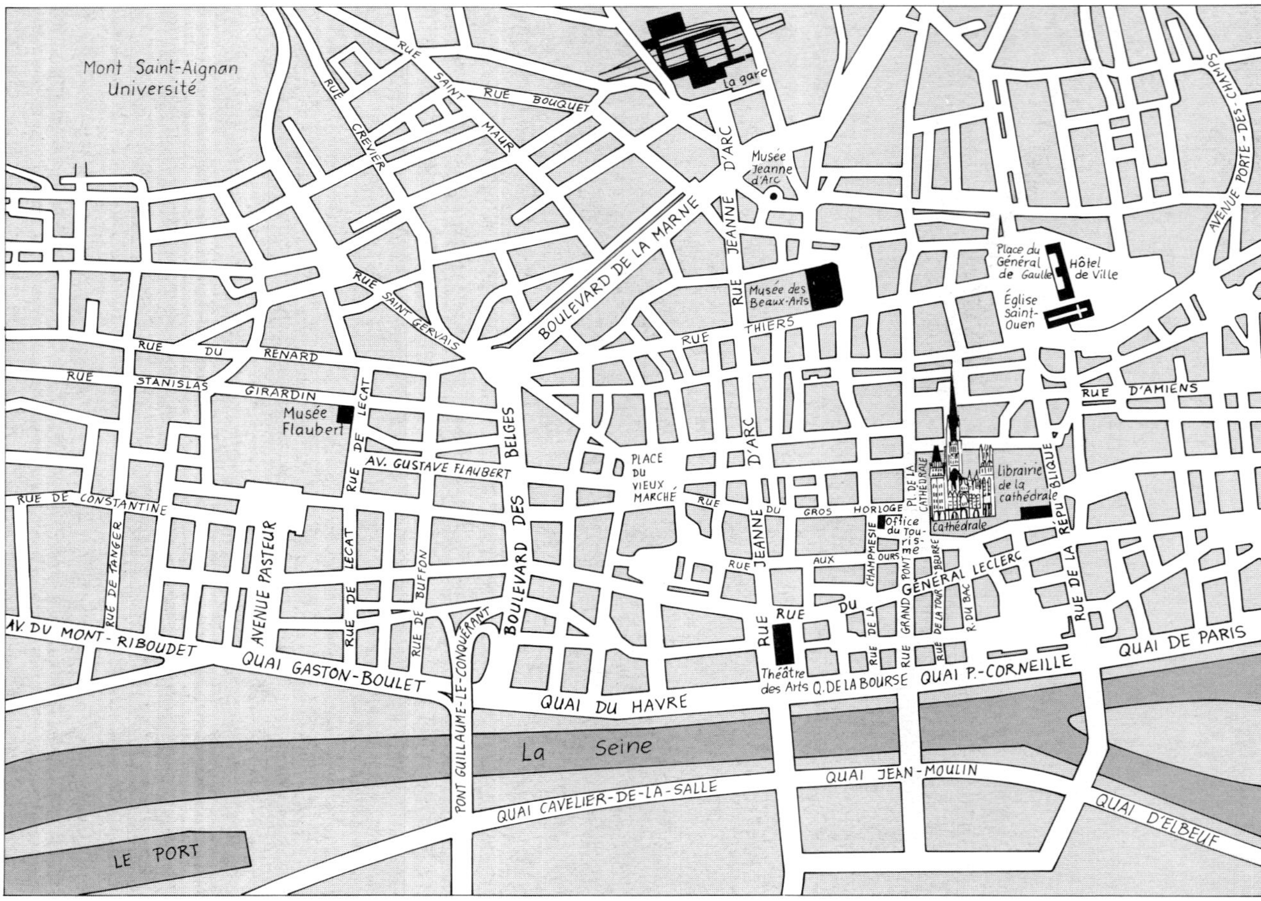

PLAN DE ROUEN

Bildquellen:
© Archiv für Kunst und Geschichte, S. 29 – Casterman: © Hergé, S. 9 (Nr. 6 u. 7), S. 111 – C.E.D.R.I.: © Tripelon-Jarry, S. 44 – Collectif Presse: © Bisson, S. 63, © Dujardin, S. 18 (oben links), S. 41 – © Cornelsen: Eckhard, S. 12 (Bild 5), Fischer, S. 73, S. 77, S. 97, Heinisch, S. 91 (unten), S. 160, U 3, Kleber, S. 44, Lox, U 1 u. U 4, Ruppel, S. 27 (Sophie, Véronique), S. 34 (unten rechts), S. 39, S. 49, S. 98, Westphal, S. 100 – © Cornelsen & Schroedel, U 2 – © Dargaud (Suisse) S.A., by Morris, S. 9 (oben), © PIX, S. 56 (links oben).
Alle anderen Photos: © Cornelsen: Krauke.

Textquellen:
© Gallimard, Paris: R. Desnos, Destinée arbitraire, S. 55 (oben) – © Schenk, S. 44, S. 105 – © Gründ, Paris: R. Desnos, Chantefables et Chantefleurs, S. 55 (unten).

Für die Verwertung der Bastelidee von P. Wucherpfennig (S. 77) danken wir dem Rowohlt Verlag.